A VIDA MATERIAL

© P.O.L éditeur, 1987.
© desta edição, Bazar do Tempo, 2025.

Título original: *La vie matérielle*

Todos os direitos reservados e protegidos pela Lei n. 9610, de 12.2.1998.
Proibida a reprodução total ou parcial sem a expressa anuência da editora.

Este livro foi revisado segundo o Acordo Ortográfico da Língua Portuguesa
de 1990, em vigor no Brasil desde 2009.

Edição Ana Cecilia Impellizieri Martins
Assistente editorial Bruna Ponte
Tradução Tatiane França
Tradução apresentação Mariana Delfini
Copidesque Joice Nunes
Revisão Luiza Cordiviola
Projeto gráfico Violaine Cadinot
Diagramação Cumbuca
Acompanhamento gráfico Marina Ambrasas
Imagem de capa Marguerite Duras, 1985. Agence Opale / Alamy
Agradecimentos Jean Mascolo e Institut Mémoires de l'édition contemporaine (Imec)

CIP-Brasil. Catalogação na Publicação
Sindicato Nacional dos Editores de Livros, RJ

D955v
    Duras, Marguerite, 1914-1996
A vida material Conversas com Jérôme Beaujour / Marguerite Duras, Jérôme Beaujour ;
tradução Tatiane França. - 1. ed. - Rio de Janeiro : Bazar do Tempo, 2025.
156 p. ;

Tradução de: La vie matérielle : Marguerite Duras parle à Jérôme Beaujour
ISBN 978-65-85984-48-5

1. Duras, Marguerite, 1914-1996 - 2. Literatura francesa - Séc. XX. I. Beaujour, Jérôme,1946-. II. França,
Tatiane. III. Título.

25-96981.0   CDD: 928.43
                                                                              CDU: 929:821.133.1

Meri Gleice Rodrigues de Souza - Bibliotecária - CRB-7/6439

*Cet ouvrage, publié dans le cadre du Programme d'Aide à la Publication année 2024
Carlos Drummond de Andrade de l'Ambassade de France au Brésil, bénéficie du
soutien du Ministère de l'Europe et des Affaires étrangères.*

Este livro, publicado no âmbito do Programa de Apoio à Publicação ano 2024
Carlos Drummond de Andrade da Embaixada da França no Brasil, contou
com o apoio do Ministério francês da Europa e das Relações Exteriores.

**AMBASSADE
DE FRANCE
AU BRÉSIL**
*Liberté
Égalité
Fraternité*

BAZAR DO TEMPO
Produções e Empreendimentos Culturais Ltda.

Rua General Dionísio, 53 - Humaitá
22271-050   Rio de Janeiro - RJ
contato@bazardotempo.com.br
www.bazardotempo.com.br

MARGUERITE DURAS

A VIDA MATERIAL

Conversas com Jérôme Beaujour

Tradução
Tatiane França

Apresentação
Laure Adler

SUMÁRIO

APRESENTAÇÃO
A ESCRITA EM MOVIMENTO — *Laure Adler* 7

A VIDA MATERIAL 11

    O cheiro químico 13
    As senhoras do Roches Noires 16
    A autoestrada da palavra 18
    O teatro 19
    O último cliente da noite 22
    O álcool 24
    Os prazeres do 6º *arrondissement* 29
    Vinh Long 30
    Hanói 32
    O bloco preto 34
    Bonnard 38
    O azul do cachecol 39
    Os homens 41
    A casa 49
    Cabourg 67
    Animais 68
    Trouville 69
    A estrela 70
    O uniforme M.D. 71
    O corpo dos escritores 73
    Alain Veinstein 74

As florestas de Racine	76
O trem para Bordeaux	78
O livro	81
Quillebeuf	86
O homem que mente	87
As fotografias	92
O cortador de água	94
Figon, Georges	98
A esposa de Walesa	101
A televisão e a morte	104
Palavras de sorte	107
O bife verde	108
Você não quer?	110
As torres de vigia de Poissy	112
Mare Nostrum	115
Paris	117
O sofá vermelho	121
As pedras redondas	123
A cômoda	125
Perder tempo	127
As chaminés de *India Song*	128
A voz do *Navire Night*	131
Comer à noite	133
Outubro de 1982	134
O estado perigoso	137
As cartas	138
A população noturna	139

OBRAS DE MARGUERITE DURAS   **149**

CADERNO DE IMAGENS   **153**

A ESCRITA EM MOVIMENTO

Laure Adler

Na imensa bibliografia da obra de Marguerite Duras, *A vida material* é ao mesmo tempo um não livro e um tratado de escrita e pensamentos que contém sua filosofia. Em termos materiais – para tomar o título emprestado –, é fruto de conversas que ocorreram ao longo de dias com o amigo Jérôme Beaujour. Depois, Duras reviu, remendou, desbastou o texto inicial, tal como faria um marceneiro. É como ela costumava fazer. Ela sempre se sentiu angustiada diante da página em branco e não gostava de partir do zero. Ela conferia um *status* importante à palavra, a todas as palavras, e ela mesma falava muito; era também contadora de histórias, uma *boca de sombra**, uma bruxa do não dito que sabe

---

* Com a expressão *bouche d'ombre*, a autora faz referência ao poema de Victor Hugo "Ce qui dit la bouche d'ombre" [O que diz a boca de sombra diz, em tradução livre], que encerra a coletânea *Les contemplations* (1856). Esse longo poema, de tons espiritualistas, começa com "Um homem que, ao sonhar, desce ao abismo universal" e ali escuta a boca de sombra, um espectro ou voz do além que faz revelações acerca da morte, do sofrimento, do que não é visível. (N. T.)

reconhecer no fluxo das palavras o que é importante e o que é decisivo. Como ela mesma dizia, ela sabia pôr em prática os excessos de velocidade na rodovia da palavra, e é pelo excesso que ela chega a uma forma de verdade. E pelo fragmentário também.

Duras gostava de mudar de pato para ganso. Duras gostava das formas breves. Duras pensava, no momento de escrita deste livro, que ela era Duras. Fazia apenas três anos que ela tinha recebido o prêmio Goncourt por *O amante*, que foi um sucesso fenomenal pelo mundo e, é bom lembrar, começou como um trabalho de escrever legendas para fotos de um álbum de família, sugerido pelo filho dela. Ali também há a reescrita. Alguma coisa está no ar nesse momento, que ela tentou esculpir com a escrita, mantendo-se ligada à poesia e à canção. Duras gostava dos jargões, das festas populares, das músicas que todo mundo sabe de cor. Ela queria também que nós a decorássemos. A Piaf moderna dos anos 1980 é ela.

A vida material inaugurou uma forma de literatura. Como falar do eu e do mundo e do eu que habita este mundo sem passar por um gênero como o diário íntimo ou a autobiografia? Com este texto, Duras deu uma nova dimensão à palavra e ao que significa falar. Falar não é dizer banalidades. Falar não é tagarelar. Falar não é dispor um clichê atrás do outro como quem enfileira pérolas. Falar de uma forma comprometida permite descobrir coisas desconhecidas de si mesmo. Assim, Duras primeiro falou para Jérôme Beaujour, um amigo íntimo mais jovem do que ela e em quem confiava plenamente. Depois recomeçou; ao reescrever ela teceu novamente, como Penélope, os temas que eram sua obsessão, e com isso ela inaugura um falar escrito, um sussurro, uma confissão também, que ressoa em todos nós. Falando ora de cozinha, de amor, de guerra, de notícias inusitadas nos jornais, ela nos arrasta para o seu universo íntimo e igualmente universal.

É isso que ela sabe fazer e está fazendo cada vez melhor quando este livro é publicado, num momento de pesquisa em que, como grande celebridade que se tornou a partir do imenso sucesso comercial de *O amante*, ela precisa do território movediço entre o definitivo escrito e o pensamento em movimento. *A vida material* foi traduzido no mundo inteiro e é constantemente reeditado. Prova, se é que há alguma, da atualidade sempre intempestiva e perturbadora de uma imensa inventora.

Laure Adler é escritora, historiadora e jornalista francesa, autora da biografia *Marguerite Duras*, livro vencedor do prêmio Femina em 1998. É especialista em história das mulheres e do feminismo dos séculos XIX e XX, autora de ensaios biográficos sobre Simone Veil, Hannah Arendt e Agnès Varda, assim como de uma série de livros feministas, como *Les femmes qui lisent sont dangereuses* [As mulheres que leem são perigosas] e *Les femmes artistes sont dangereuses* [As mulheres artistas são perigosas], além de romances e ensaios.

Este livro foi para nós uma forma de passar o tempo. Do começo ao fim do inverno. Todos os textos foram ditados a Jérôme Beaujour,* salvo pouquíssimas exceções. Depois de decifrados, os líamos. Uma vez feita a nossa crítica, eu corrigia os textos e Jérôme Beaujour, por sua vez, os relia. No começo foi difícil. Rapidamente deixamos de fazer perguntas. Tocamos em alguns assuntos, e desistimos deles também. Dediquei a etapa final do trabalho a encurtar os textos, a torná-los mais leves, mais calmos. Isso foi de comum acordo. Por isso, nenhum deles é exaustivo. Nenhum reflete o que penso em geral de um assunto abordado, porque não penso em nada de forma geral, nada, a não ser na injustiça social. O livro representa, no máximo, aquilo que penso algumas vezes, em certos dias, sobre algumas coisas. Logo, representa também o que eu penso. Não carrego em mim o peso do pensamento totalitário, quer dizer, definitivo. Evitei essa armadilha.

Este livro não tem começo nem fim, ele não tem meio. Uma vez que não existe livro sem uma razão de ser, então este aqui não é um livro. Não é um diário, não é jornalismo, está liberto de acontecimentos cotidianos. Digamos que é um livro de leitura. Longe do romance, porém mais próximo de sua escrita – o que é curioso, já que é oral – do que de um editorial de jornal. Hesitei em publicá-lo, mas nenhuma formação livresca prevista ou em andamento poderia ter contido esta escritura flutuante de *A vida material*, esse vai e vem entre mim e eu mesma, entre você e eu, neste tempo que nos é comum.

Marguerite Duras

---

* Jérôme Beaujour (1946) é escritor, roteirista e diretor francês, colaborador de Marguerite Duras em diversos projetos para o cinema. (N.E.)

O cheiro químico

Em 1986, fiquei em Trouville por quatro meses, de meados de junho a meados de outubro, mais tempo do que dura o verão. Assim que me afasto de Trouville, tenho a sensação de perder luz. Não só a direta, do sol a pino, mas a luz branca e difusa do céu nublado e a luz cor de carvão das tempestades. No fim do verão, estando longe deste lugar, perco os céus que emergem do Atlântico, aqueles céus de viagem de longa distância. No outono, perco a névoa do alto-mar, o vento, o miasma petrolífero do Havre, o cheiro químico. Quando nos levantamos cedo, podemos ver na praia vazia o contorno perfeito de Roches Noires, ligeiramente deslocado para o norte. À medida que as horas avançam, a sombra encolhe até desaparecer.

Durante anos, alternei entre as casas de Neauphle, Trouville e Paris. Para não sair de Neauphle, por dez anos não fui a Trouville, e até coloquei a casa para alugar durante muitos verões para compensar as altíssimas taxas de condomínio. Naquele período, eu vivia sozinha em Neauphle, o que fez com que eu ficasse muito tempo sem conhecer ninguém no hotel Roches Noires. Quando passava o verão em algum lugar, costumava ir sobretudo a Neauphle-le--Château, onde eu conhecia todo o vilarejo.

Nunca cheguei lá onde me sentiria tranquila, sempre estive atrasada, em busca de um lugar, de uma ocupação, nunca me encontrei onde eu queria estar, com exceção talvez de Neauphle, em alguns verões, numa certa infelicidade feliz. No jardim fechado de *L'homme atlantique* [O homem atlântico],* o desespero de amá-lo estava naquele jardim, agora deserto. Ainda me vejo lá, encolhida sobre meu próprio corpo, tomada pela geada dos jardins abandonados.

Sou alguém que nunca chega na hora certa para as refeições, para os encontros, para o cinema, para o teatro, para os aviões; estou sempre no limite do tempo. Desconfio tanto de mim que agora chego com uma hora de antecedência ao teatro. Fico vendo as pessoas chegarem correndo, com medo de estarem atrasadas, isso me encanta. Sempre cheguei à praia quando as pessoas estavam indo embora. Nunca me bronzeei na praia porque tenho horror a tomar sol, horror à areia na pele, nos cabelos. Me bronzeei dirigindo meu carro, ou passeando pela Espanha, ou pela Itália.

No entanto, durante grande parte da minha existência, tive o desejo ardente de conseguir tomar banhos de sol. E durou. Eu elaborava sistemas para fazer tudo o que os outros faziam. Por isso estava sempre atrasada, e me lamentava. Eu fazia isso, ia à praia, como os outros, mas à noite. Fazia as coisas pela metade, por fazer, e não funcionava. Me arrependo de ter sido assim, metódica, mas nunca contente. Sempre chegava ao fim dos verões atordoada, sem compreender o que aconteceu, mas sabendo que era tarde demais para vivê-lo. Há algo que sei fazer: olhar o mar. Poucos escreveram sobre o mar como eu o fiz em *O verão de 80*.** Aí está: o mar em *O verão de 80* é aquilo que não vivi. É o que aconteceu comigo e que não vivi, é o que coloquei num livro

---

* M. Duras, *L'homme atlantique*, Paris: Les Éditions de Minuit, 1982.
** M. Duras, *L'Été 80*, Paris: Les Éditions Minuit, 1980. [Ed. bras.: *O verão de 80*, trad. Adriana Lisboa, Belo Horizonte: Relicário, 2024.]

porque não teria sido possível para mim vivê-lo. Sempre essa passagem do tempo, por toda a minha vida. Por toda a extensão da minha vida.

Eu poderia ter continuado depois de *O verão de 80*. Ter feito apenas isso. Esse diário do mar e do tempo, o diário da chuva, das marés, do vento, do vento brutal que arrasta os guarda-sóis, as barracas, e do vento que se esconde envolvendo os corpos das crianças nas dunas das praias, atrás dos muros dos hotéis. Com o tempo parado diante de mim, a grande barreira do frio, o inverno polar. *O verão de 80* se tornou hoje o único diário da minha vida. O da minha perdição à beira-mar no terrível verão de 1980.

As senhoras do Roches Noires*

Aqui no Roches Noires, todas as tardes, no verão, algumas senhoras, já idosas, encontram-se no terraço e conversam. Nós as chamamos de As Senhoras do Roches Noires. Todos os dias, todas as tardes, o verão todo. Talvez falem da vida, de suas vidas inteiras, a vida é extensa. Essas mulheres conversam no terraço perto do mar, até o dia refrescar, até o crepúsculo. É comum que outras pessoas passem e fiquem escutando. Às vezes, lhes dizem que se unam a elas. São mulheres que contam histórias de suas vidas e de outras vidas, de outras existências, de uma maneira sem igual. De pé sobre os escombros da guerra, há 40 anos falam da Europa Central. Todos os anos, há os que se encontram ali, naquele grande hotel à beira do canal da Mancha. Para isso, para falar.

Elas tinham entre 20 e 35 anos de idade em 1940. Algumas moram em Passy, na França. Senhoras – essa palavra nada significa se não conhecerem as senhoras do canal da Mancha.

No verão, elas reconstroem a Europa a partir de suas redes de amizade, dos reencontros, das relações mundanas e diplomáticas, dos bailes de Viena, de Paris, dos mortos de Auschwitz, do exílio.

---

* O apartamento de Duras em Trouville-sur-Mer, na Normandia, era localizado no antigo Hôtel des Roches Noires, transformado em residências em 1963. (N.E.)

Proust às vezes ficava nesse hotel. Alguns devem tê-lo conhecido. Quarto 111 com vista para o mar. É como se Swann estivesse aqui, pelos corredores. Quando são moças muito jovens, é aí que Swann passa.

A autoestrada da palavra

Nesta espécie de livro que não é um livro, queria falar de tudo e de nada como em um dia qualquer, ao longo de um dia como qualquer outro, banal. Pegando a imensa estrada, a via geral da palavra, sem me deter a nada em particular. É impossível fazer isso, sair do sentido, não ir a parte alguma, apenas falar sem partir de um ponto estabelecido de conhecimento ou de ignorância e chegar, por acaso, ao tumulto das palavras. Não se pode. Não se pode saber e ao mesmo tempo não saber. Então este livro, que eu gostaria que tivesse sido como a estrada em questão, que tivesse ido a toda parte ao mesmo tempo, seguirá sendo um livro que quer ir à toda parte e que vai a um só lugar por vez, e que regressa e volta a partir, como todo mundo, como todos os livros a menos que se calem, mas isso, isso já não se escreve.

O teatro

Neste inverno, vou fazer teatro e espero sair de casa. Teatro lido, encenado não. A encenação empobrece o texto, não acrescenta nada, pelo contrário, retira a presença do texto, sua profundidade, seus músculos, seu sangue. É assim que penso hoje. Penso assim com frequência. No fundo, é assim que penso o teatro. Mas como nenhum teatro é lido, estou voltando a pensar no teatro habitual, vou esquecendo. Mas desde aquela experiência no Rond-Point, em janeiro de 1985, penso isso que digo aqui – de forma absoluta, definitiva.

Um ator que lê um livro em voz alta sem fazer nada mais do que isso, como o faria em *Olhos azuis cabelos pretos*,[*] nada além de preservar a imobilidade, nada além de levar o texto para fora do livro apenas com a voz, sem se apoiar em gestos para fazer com que acreditem no drama do corpo que sofre pelas palavras ditas, já que o drama está inteiramente nas palavras e o corpo não vacila. Não conheço nenhum discurso teatral que se iguale à potência de um discurso de um oficiante de qualquer missa que seja. Em volta do Papa, se fala e se canta uma língua estranha, completamente articulada, sem prosódia, sem entonação, sem sotaque algum, e não se encontra nada parecido, nem no teatro,

---

[*] M. Duras, *Les yeux bleus cheveux noirs*, Paris: Les Éditions de Minuit, 1986. [Ed. bras.: *Olhos azuis, cabelos pretos & A puta da costa normanda*, trad. Adriana Lisboa, Belo Horizonte: Relicário, 2023.]

nem na ópera. Nos recitativos das *Paixões segundo São João e São Mateus* e num certo trabalho de Stravinsky, *Les Noces* e *Symphonie des psaumes*, encontramos esses campos sonoros criados a cada vez como se fosse a primeira, pronunciados até a ressonância da palavra, até o som que ela tem, nunca escutado na vida cotidiana. É só nisso que acredito. Na *Bérénice* de Gruber,* que era praticamente imóvel, lamentei quando os movimentos começaram, tiravam o foco da palavra. As queixas de Bérénice, mesmo que proferidas pela maravilhosa atriz Ludmilla Michaël, não possuíam o campo sonoro a que tinham direito. Por que ainda mentimos para nós mesmos sobre isso? Bérénice e Titus são recitadores, Racine é o diretor, e a sala, a humanidade. Por que encenar isso num salão, num *boudoir*? Não ligo para o que possam pensar disso que estou dizendo. Deem-me uma sala para ler *Bérénice*, e veremos. Em *Savannah Bay*,** na conversa que chamamos de "vozes registradas" dos jovens amantes, as vozes inauguraram isto que digo aqui. Em La Haye aconteceu algo estranho, algo que minhas duas queridas atrizes não tinham alcançado antes. Elas seguraram o teatro inteiro diante dos olhos, olhavam para a sala e ao mesmo tempo mostravam o que acontece num teatro quando a história dos amantes é contada.

Desde 1900 que não se encenava uma peça de uma mulher na Comédie Française, nem no Vilar, no Théâtre National Populaire (T.N.P.), nem no Odéon, nem em Villeurbanne, nem em Schaubuhne, nem no Piccolo Teatro de Strehler, nenhuma autora ou diretora de teatro sequer. E então Sarraute e eu começamos a

---

* *Bérénice*, peça teatral de Racine encenada na Comédie Française sob direção do alemão Klaus Michael Grüber, em 1985. (N.E.)

** M. Duras, *Savannah Bay*, Paris: Les Éditions de Minuit, 2007. [Ed. bras.: *Savannah Bay*, trad. Angela Leite Lopes, São Paulo: Temporal Editora, 2023].

ser encenadas no Barrault,* enquanto George Sand era encenada nos teatros de Paris. Isso durou mais de 70, 80, 90 anos. Nenhuma peça de uma mulher em Paris, talvez nenhuma em toda a Europa. Eu descobri isso. Ninguém nunca me disse. E então um dia recebi uma carta de Jean-Louis Barrault me perguntando se eu gostaria de adaptar *Dias inteiros nas árvores*** para o teatro. Aceitei. A adaptação foi recusada pela censura. Tivemos que esperar até 1965 para que fosse encenada. O sucesso foi grande. Mas nenhum crítico destacou que era a primeira peça de teatro escrita por uma mulher a ser encenada na França depois de quase um século.

---

* Companhia teatral francesa, fundada pelos atores Jean-Louis Bernard Barrault e Madeleine Renaud. Na época, Barrault dirigia o Théâtre de l'Odéon, em Paris. (N.E.)

** M. Duras, *Des journées entières dans les arbres*, Paris: Gallimard, 1954. [Ed. bras.: *Dias inteiros nas árvores*, trad. Tati de Moraes, Rio de Janeiro: Guanabara, 1988].

O último cliente da noite

A estrada atravessava o Auvergne, o Cantal. Tínhamos saído de tarde de Saint-Tropez e dirigido por um pedaço da noite. Já não sei mais que ano era, sei que era verão. Eu o conhecia desde o início daquele ano. Me encontrei com ele num baile ao qual havia ido sozinha. Essa é outra história. Ele quis parar em Aurillac antes do amanhecer. O telegrama tinha atrasado, havia sido enviado a Paris, e depois de Paris a Saint-Tropez. O enterro deveria acontecer no fim da tarde do dia seguinte. Fizemos amor nesse hotel em Aurillac, e depois outra vez. E de manhã, outra vez. Acredito que foi ali, durante aquela viagem, que me veio claramente essa vontade. Através dele. Creio. Já não estou tão certa disso. Mas através dele, sem dúvida, sim, desde que se uniu a mim nesse desejo. Mas ele como um outro, como o último cliente da noite. Dormimos pouco, muito cedo partimos de novo. Era uma estrada muito linda e terrível, interminável, com curvas a cada cem metros. Sim, foi durante essa viagem. Nunca voltou a acontecer na minha vida. O lugar já estava lá. Sobre o corpo. Naqueles quartos de hotel. Nas margens arenosas do rio. O lugar era noite. Estava nos castelos também, nas paredes. Na crueldade das caçadas. Dos homens. No medo. Nos bosques. Nos becos desertos. Nos rios e lagos. No céu. Pegamos um quarto à beira do rio. Fizemos amor de novo. Não conseguíamos mais nos falar. Bebíamos. A sangue frio, ele batia. No rosto. E em alguns lugares do corpo. Não podíamos mais nos aproximar um do outro sem sentir medo, sem tremer. Ele me levou até o alto do parque, à entrada do castelo. Lá estava o pessoal da funerária, os guardas do castelo, a governanta de minha mãe e meu irmão mais velho. Minha mãe ainda não havia sido enterrada. Estavam todos me esperando. Minha mãe. Beijei sua testa gelada. Meu irmão chorava. Éramos três na igreja de Onzain, os guardas tinham ficado no castelo. Eu pensava naquele homem que me esperava no hotel à beira do rio. Não senti pena daquela mulher morta e daquele homem que chorava, seu filho. Nunca mais senti. Depois, houve a reunião com o tabelião. Concordei com o testamento de minha mãe e me deserdei.

Ele estava me esperando no parque. Dormimos no hotel à beira do Loire. Depois disso, por vários dias, ficamos nos arredores do rio, dando voltas. Ficávamos no quarto até o fim da tarde. Bebíamos. Saíamos para beber. Voltávamos para o quarto. Depois, saíamos novamente à noite. Procurávamos cafés abertos. Loucura. Não podíamos deixar o Loire, aquele lugar. Não falávamos sobre o que estávamos procurando. Às vezes sentíamos medo. Sofríamos muito. Chorávamos. Não dizíamos a palavra. Lamentávamos o fato de não nos amarmos. Não sabíamos de mais nada. Era o que dizíamos. Sabíamos que nunca mais teríamos aquilo em nossas vidas, mas não falávamos nada a esse respeito, nem sobre como éramos iguais diante daquela estranha disposição do nosso desejo. Durante todo o inverno, essa loucura continuou. Depois foi se tornando menos severa, uma história de amor. E ainda depois, escrevi *Moderato Cantabile*.[*]

---

[*] M. Duras, *Moderato cantabile*, Paris, Les Éditions de Minuit, 1958. [Ed. bras.: *Moderato Cantabile*, trad. Adriana Lisboa, Belo Horizonte: Relicário, 2022.]

O álcool

Vivi verões inteiros sozinha com o álcool, em Neauphle. As pessoas vinham nos fins de semana. Durante a semana eu ficava sozinha naquela casa grande, foi ali que o álcool ganhou todo o seu significado. O álcool faz ressoar a solidão e faz com que você a prefira a qualquer outra coisa. Beber não é necessariamente querer morrer, não. Mas não é possível beber sem pensar que estamos nos matando. Viver com o álcool é viver com a morte ao alcance da mão. O que impede que alguém se mate quando está louco de bêbado é a ideia de que, uma vez morto, já não pode mais beber. Comecei a beber em festas, em reuniões políticas, primeiro umas taças de vinho e depois uísque. E depois, aos quarenta e um anos, encontrei alguém que realmente amava o álcool e que bebia todos os dias, mas com moderação. Rapidamente o superei. Isso durou dez anos. Até chegar à cirrose, aos vômitos de sangue. Parei de beber por dez anos. Era a primeira vez. Voltei a beber e parei de novo, já não sei mais por quê. Depois parei de fumar, e só consegui porque voltei a beber. Estou sem beber pela terceira vez. Nunca fumei ópio nem haxixe. Me "droguei" de aspirina todos os dias durante quinze anos. Nunca me droguei de verdade. No princípio, bebia uísque, calvados*, e o que chamo de álcool sem graça, cerveja,

---

* Aguardente de maçã produzida na região da Normandia, na França. (N.E.)

licor de verbena – a pior coisa para o fígado, dizem. Por último, comecei a beber vinho e não parei mais.

Desde que comecei a beber, me tornei uma alcoólatra. Instantaneamente, bebi como uma alcoólatra. Ultrapassei a todos. Comecei a beber à noite, depois ao meio-dia, depois pela manhã, depois comecei a beber de madrugada. Uma vez a cada madrugada, depois a cada duas horas. Nunca me droguei de outra forma. Sempre soube que, se passasse à heroína, a derrocada seria rápida. Sempre bebi com homens. O álcool permanece ligado à memória da violência sexual, a faz resplandecer, é indissolúvel dela. Mas em espírito. O álcool substitui o evento do prazer, mas não toma seu lugar. Os obcecados por sexo em geral não são alcoólatras. Os alcoólatras, mesmo "na sarjeta", são intelectuais. O proletariado, que atualmente é, de longe, uma classe mais intelectual do que a burguesa, tem uma propensão ao álcool, e isso no mundo todo. De todas as ocupações do homem, o trabalho manual é, sem dúvida, a que o empurra mais diretamente em direção à reflexão, e, logo, à bebida. Veja a história das ideias. *O álcool faz falar*. É a espiritualidade ao nível da insanidade lógica, é a razão tentando entender ao ponto da loucura o porquê dessa sociedade, desse Reino de Injustiça – e que sempre chega ao mesmo desespero como conclusão. Um bêbado muitas vezes é grosseiro, mas raramente é obsceno. Às vezes se enfurece e mata. Quando bebemos demais, voltamos ao início do ciclo infernal da vida. Falamos de felicidade, dizemos que é impossível, mas sabemos o que essa palavra quer dizer.

Nos falta um deus. Esse vazio de que nos damos conta num dia de adolescência, nada pode fazê-lo deixar de existir. O álcool foi feito para suportar o vazio do universo, o balanço dos planetas, a rotação imperturbável deles no espaço, numa indiferença silenciosa à sua dor. O homem que bebe é um homem interplanetário. Se move num espaço interplanetário. É dali que ele observa. O álcool não consola nada, não povoa os espaços psicológicos do indivíduo, apenas substitui o vazio de Deus. Não consola o homem. Pelo contrário, o álcool conforta o homem em sua loucura, o transporta a regiões soberanas onde ele é o mestre de seu destino. Ser humano nenhum, mulher nenhuma, poema nenhum, canção nenhuma, literatura nenhuma, pintura nenhuma pode substituir o álcool na função que ele desempenha para o homem, a ilusão de uma criação memorável. Está ali para substituí-la. E o faz para toda uma parte do mundo que deveria acreditar em Deus mas que não acredita mais. O álcool é estéril. As palavras do homem que são ditas na noite de embriaguez desaparecem com ela quando amanhece o dia. A embriaguez não cria nada, não chega às palavras, obscurece a inteligência, a faz adormecer. Eu falei sob o efeito do álcool. A ilusão é completa: o que você está dizendo ninguém disse ainda. Mas o álcool não cria nada que dure. É como o vento. Como as palavras. Escrevi sob o efeito do álcool, eu tinha a habilidade de controlar a embriaguez que me vinha provavelmente do horror que tinha de me sentir embriagada. Nunca bebi para ficar bêbada. Nunca bebia rápido. Bebia o tempo todo e nunca estava bêbada. Estava separada do mundo, inatingível, mas bêbada não.

Uma mulher que bebe é como um animal que bebesse, uma criança. O alcoolismo atinge um patamar de escândalo quando ela bebe: uma mulher alcoólatra é algo raro, algo grave. A natureza divina é atingida. Reconheci esse escândalo olhando à minha volta. Naquele tempo, para ter força de enfrentar o público, de entrar sozinha num bar à noite, por exemplo, eu precisava já ter bebido.

Sempre dizemos tarde demais às pessoas que elas bebem muito. "Você bebe muito." É escandaloso dizer isso, de todo modo. Nós mesmos não sabemos que somos alcoólatras. Em cem por cento dos casos, recebemos essa notícia como uma ofensa, dizemos: "Se você está me dizendo isso, é porque está chateado comigo." Quanto a mim, esse mal já estava em estado avançado quando me disseram. Estamos aqui num espaço paralisado por princípios. Até certo ponto, deixamos as pessoas morrerem. Não acho que esse escândalo exista com as drogas. As drogas separam completamente o indivíduo viciado do resto da humanidade. Ela não o atira aos quatro cantos, às ruas, não faz dele um vagabundo. O álcool é a rua, é o abrigo, são os outros alcoólatras. A droga é abrupta, a morte vem rápida, a afasia, a escuridão, as persianas fechadas, a imobilidade. Não há consolo em não beber mais. Desde que deixei de beber, tenho simpatia pela alcoólatra que eu era. Realmente bebi muito. Depois me socorreram, mas aí seria contar a minha história, e estou falando do álcool. É incrivelmente simples, os alcoólatras de verdade são talvez aquilo que há de mais simples. Estamos ali onde o sofrimento é impedido de nos fazer sofrer. Os vagabundos não são infelizes, é um disparate dizer isso, ficam bêbados da manhã até a noite, vinte e quatro horas por dia. Não poderiam viver o que vivem em outro lugar a não ser na rua. Durante o inverno de 1986-87, para não abandonar seu litro de vinho antes de entrar no abrigo noturno, preferiram arriscar com a morte, com o frio. As pessoas tentavam entender por que eles não queriam ir para o abrigo, e era por isso.

    As horas da madrugada não são o momento mais difícil. Mas, se temos uma insônia tenaz, é evidentemente o mais perigoso. Não podemos ter uma gota sequer de álcool em casa. Eu faço parte desses alcoólatras que voltam a beber com apenas uma taça de vinho. Não sei como a medicina nos classifica.

O corpo alcoólatra funciona como uma usina, como um conjunto de compartimentos diferentes ligados entre si ao longo da pessoa. O cérebro é o primeiro a ser pego. O pensamento. A felicidade, primeiro através do pensamento, e depois o corpo. Ele é vencido, embebido pouco a pouco, e carregado – esse é o termo: carregado. É depois de um certo tempo que chegamos à escolha: beber até perder a sensibilidade, a identidade, ou seguir ali no princípio da felicidade. Morrer, por assim dizer, a cada dia, ou ainda viver.

Os prazeres do 6º *arrondissement*

Eu perdi todos os prazeres do 6º *arrondissement* de que o mundo inteiro falava.

Ao Tabou acredito que fui uma vez, talvez duas, mas não creio. Fui ao Les Deux Magots, ao Le Flore, muito, muito pouco. Desde que fiz *Hiroshima*,* que comecei a ser reconhecida, estava acabado, fugi desses terraços mortais. Frequentei a *Lipp* por causa dos Fernandez. Mas fui ao Quatre Saisons.

Por quê?

Por orgulho. Era pequena demais para ir aos lugares frequentados por mulheres altas. Me vestia todos os dias da mesma maneira. Tinha apenas um vestido, preto, o da guerra, para qualquer ocasião. Tinha vergonha, como costumam ter os mais jovens, de não estar "na moda". Resumindo, por uma série de razões, a vergonha cobre minha vida inteira.

Muito cedo na vida, já é tarde demais para ir ao Tabou ou ao Deux Magots. Estou falando das mulheres, do meu tempo, rapidamente tinha acabado, os lugares públicos, dançar.

---

* Aqui, a autora refere-se ao filme *Hiroshima, meu amor*, lançado em 1959, dirigido por Alain Resnais, cujo roteiro foi escrito por Duras. Depois, foi publicado em livro, em 1960 (N.E.).

Vinh Long

Houve Vinh Long e depois, Hanói. Já falei sobre Vinh Long, mas nunca sobre Hanói. Vinh Long, como disse, era um posto de serviço da Cochinchina. Já está na Planície dos Pássaros, o maior país aquático do mundo, imagino. Eu tinha entre oito e dez anos quando aconteceu. Como um raio ou como a fé. Aconteceu durante toda a minha vida. Aos 72 anos, continua ali, como se fosse ontem: as ruelas dos postos durante a hora da sesta, o bairro dos brancos, as avenidas desertas ladeadas por flamboyants. O rio adormecido. E ela, passando em sua limusine preta. Ela quase se chama Anne-Marie Stretter. Chama-se Striedter. A mulher do administrador geral. Eles têm dois filhos. Eles vêm do Laos, onde ela teve um jovem amante. Ele acabou de se matar, porque ela o deixou. Tudo estava ali, como em *India Song*.* O jovem que ficou no Laos, nesse posto onde se conheceram, ao norte do Mékong. Foi lá que ele se matou. Em Luang Prabang.

Houve Vinh Long, por onde corria, mil quilômetros abaixo, esse mesmo rio comum aos amantes. Me lembro do tipo de emoção que tomou meu corpo de criança: a de acessar um conhecimento que ainda era proibido para mim. O mundo era imenso e de uma complexidade muito clara. Ali, era preciso inventar uma palavra que diria que, claramente, não sabemos compreender o

---

* *Indian Song* é um filme de 1975, escrito e dirigido por Marguerite Duras. (N.E.)

que é preciso compreender. Não podia falar sobre aquilo com ninguém, nem mesmo com minha mãe que, sobre esse aspecto da vida, eu sabia, mentia aos filhos. Eu precisava guardar aquele conhecimento só comigo. Desde então, aquela mulher se tornou meu segredo: Anne-Marie Stretter.

Hanói

E houve Hanói, de que nunca falei, não sei bem por quê. Antes de Vinh Long, houve Hanói, seis anos antes, na casa que minha mãe havia comprado sobre o Petit Lac. Naquela época, minha mãe tinha pensionistas, uns garotos jovens, vietnamitas e laocianos entre doze e treze anos. Um deles, numa tarde, me pede para segui-lo até um "esconderijo". Não tenho medo, o sigo até lá. Ficava à beira do lago, entre duas construções de madeira que deviam ser anexos da vila. Me lembro de uma espécie de corredor estreito entre paredes de tábuas. No livro, o local da defloração era esse: as cabines de banho. O lago se tornou o mar, o gozo já estava ali, anunciado na natureza, em seu princípio, inesquecível desde o momento de sua aparição no corpo da criança que está a anos-luz de conhecê-lo e que já recebe dele um sinal. No dia seguinte, o garoto vietnamita é colocado para fora por minha mãe porque me senti na obrigação de contar tudo a ela, de confessar tudo. A lembrança é clara. Sinto-me, de certa forma, desonrada por ter sido tocada. Tenho quatro anos. Ele tem onze e meio, ainda não está na puberdade. Seu pênis ainda é mole, doce, ele me diz o que fazer: o agarro com as mãos. Ele coloca a mão por cima da minha e nós dois o acariciamos, com cada vez mais força. Então ele para. Nunca esqueci a forma na minha mão, o calor. E o rosto do menino, de olhos fechados, lançado em direção ao prazer ainda inacessível, martirizado, que espera.

Nunca mais toquei no assunto com a minha mãe. Durante toda sua vida, ela acreditou que eu havia esquecido. Ela me disse: "Nunca mais pense nisso, nunca mais." Por muito tempo pensei naquilo como se fosse algo terrível. Só falei sobre o assunto muitos anos mais tarde, com alguns homens na França. Mas eu sabia que minha mãe nunca esquecera essa brincadeira das crianças.

A cena se descolou de si mesma. Na verdade, cresceu comigo, nunca me deixou.

O bloco preto

Quando escrevemos, há uma espécie de instinto em jogo. A escrita já está lá, na noite. Escrever estaria no exterior de si próprio, numa confusão de tempos: entre escrever e ter escrito, entre ter escrito e ter de escrever novamente, entre saber e não saber o que é, partindo da totalidade de sentido, nela submergindo, para chegar até a ausência de sentido. A imagem do bloco preto no meio do mundo não é aleatória.

Não se trata da passagem do ser em potência ao ser em ato de que fala Aristóteles. Não se trata de uma tradução. Não se trata da passagem de um estado a outro. Trata-se de decifrar o que já está lá e já foi feito por você no sono da sua vida, em repetição orgânica, sem o seu conhecimento. Não é algo "transferido", não se trata disso. O instinto de que falo seria ler já antes da escrita algo que ainda é ilegível para os outros. Posso dizê-lo de outra forma, posso dizer: seria ler sua própria escrita, esse estado primeiro do seu escrito, ainda indecifrável para os outros. Seria regredir, curvar-se em direção à escrita dos outros a fim de que o livro seja legível para eles. Podemos dizer de outro modo, usar outras palavras, daria no mesmo. Temos à nossa frente uma massa entre vida e morte que depende de nós. Frequentemente, tive esse sentimento de confronto entre o que já estava lá e o que iria estar em seu lugar. Eu, no meio, arranco, transporto a massa que estava ali. Eu a quebro, é quase uma questão de músculo. De endereçamento. Você precisa ser mais rápido do que essa parte de você que não escreve, que está sempre na altura do pensamento, sempre sob o risco de desaparecer, de se dissolver no limbo da narrativa por vir, que nunca descerá ao nível da escrita, que se recusa a trabalhar. A sensação de que, às vezes, a parte que não escreve adormece e se entrega no processo, e que ela se espalha inteiramente na escrita comum que se tornará o livro. Mas entre os dois estados, há muitos estados intermediários mais ou menos felizes. Algumas vezes é, sem dúvida, felicidade. Escrevendo *O amante*,[*] eu tinha a sensação de *descobrir*: estava lá antes de mim, antes de tudo, e ali continuaria depois que eu pensasse que era outra coisa, que era meu, que estava lá para mim. Foi quase isso, aquilo passava à escrita com uma facilidade que fazia lembrar a fala da embriaguez alcoólica, que para você sempre parece inteligível, simples. E então, de repente, resistia. Você se vê como se estivesse numa armadura, nada mais passa de você a você, de você ao outro. Como falar sobre aquilo, como descrever aquilo que eu conhecia e que estava ali numa recusa quase trágica de passar à escrita, como se fosse impossível. Dez minutos depois de juntar duas palavras, o texto chegava.

Escrever não é o mesmo que contar histórias. É o contrário de contar histórias. É contar tudo ao mesmo tempo. É contar uma história e a ausência dessa história. É contar uma história que atravessa sua ausência. Lol V. Stein é destruída pelo baile de S. Thala. Lol V. Stein é construída pelo baile de S. Thala.

O arrebatamento de Lol V. Stein[**] é um livro à parte. Um livro único. Que opera de forma única uma separação entre

---

[*] M. Duras, *L'amant*, Paris: Les Éditions de Minuit, 1984. [Ed. bras.: *O amante*, trad. Denise Bottmann, São Paulo: TusQuets, 2020.]

[**] M. Duras, *Le ravissement de Lol V. Stein*, Paris: Gallimard, 1964. [Ed. bras.: *O arrebatamento de Lol V. Stein*, trad. Adriana Lisboa, Belo Horizonte: Relicário, 2023.]

certos leitores-atores que aderiram à loucura de L. V. Stein e outros leitores do livro.

Eu faço uma distinção entre aquilo que disse e repeti, e aquilo que não disse. Vejamos o que acredito que já ter dito sobre esse livro: no instante do baile de S. Thala, Lol V. Stein é de tal forma levada pelo espetáculo de seu noivo com a desconhecida vestida de preto que ela esquece de sofrer. Não sofre por ter sido esquecida, traída. É por essa supressão da dor que ela vai enlouquecer. Poderíamos dizer de outra forma; poderíamos dizer que compreende que seu noivo vá em direção a outra mulher, que ela adere completamente a essa escolha feita contra si própria, e por esse fato perde a razão. É um esquecimento. Há um fenômeno que existe no congelamento. A água se torna gelo a zero grau, mas às vezes acontece de haver uma imobilidade tal do ar durante o frio, que a água se *esquece* de congelar. Consegue baixar até menos cinco. E congelar.

O que eu não disse é que todas as mulheres dos meus livros, independentemente da idade, derivam de Lol V. Stein. Ou seja, de um certo esquecimento de si. Todas têm olhos claros. Todas são imprudentes, descuidadas. Todas são a infelicidade de suas próprias vidas. Estão muito assustadas, têm medo das ruas, das praças, não esperam que a felicidade chegue para elas. Todas as mulheres dessa procissão de mulheres dos livros e dos filmes se parecem, desde *A mulher do Ganges*[*] até esse último estado de Lol V. Stein, daquele roteiro que perdi. Por que tive a ideia desse roteiro? Já não sei. É exatamente como uma dessas visões que tive durante o período após a cura da desintoxicação alcoólica.

Se passava na cidade. O cassino estava iluminado, e o mesmo baile continuava como se não tivesse parado por vinte anos. Sim,

---

[*] *A mulher do Ganges* é um filme de Marguerite Duras, lançado em 1974. (N.E.)

acho que é isso. É a repetição do baile de S. Thala, mas em escala teatral. Ali, não avançamos no que se sabe sobre Lol V. Stein, tudo isso acabou. Ali, ela vai morrer. Ela parou de me assombrar, me deixa em paz, eu a mato, a mato para que pare de se colocar no meu caminho, deitada diante das minhas casas, dos meus livros, dormindo nas praias de todos os tempos, no vento, no frio, esperando, esperando isso: que eu ainda olhe para ela uma última vez. Celebramos sua loucura. Ela está velha, sai do cassino em uma cadeira de rodas, se tornou chinesa. A cadeira é carregada por homens, nos ombros, como um caixão. Lol V. Stein está muito maquiada, pintada. Ela não sabe o que está acontecendo com ela. Ela tem os cabelos tingidos, está maquiada como uma prostituta, está destruída, por assim dizer, nascida. Ela se tornou a mais bela frase da minha vida: "Aqui é S. Thala, até o rio, e depois do rio, ainda é S. Thala."

Thala é a palavra gritada nos sótãos do hotel Roches naquela noite de verão pelo jovem estrangeiro de olhos azuis e cabelos negros.

Há alguns dias, um dos meus amigos que estava voltando do Rio de Janeiro me disse: "Você se dá conta de que Lol V. Stein, nosso livro, tão difícil, foi a primeira coisa que vi nas vitrines das livrarias do aeroporto quando desembarquei do avião, em letras luminosas, *O deslumbramento 5ª edição.*"

Lol V. Stein.
Louca.
Presa naquele baile de S. Thala. Ela continua ali. É o baile que cresce. Ele faz círculos concêntricos ao redor dela, cada vez mais amplos. Agora esse baile, os sons desse baile, chegaram a Nova York. Agora, Lol V. Stein está à frente dos personagens dos meus livros. É curioso, de toda forma. É ela que "vende" melhor. Minha pequena louca.

Bonnard

Não... não era um Monet nem um Manet. Era um Bonnard. Estava na casa de um pessoal em Berne, grandes colecionadores de pinturas. Havia um quadro de Bonnard: uma embarcação com a família dessa mulher. Ele sempre quis mudar a vela. Por conta de sua insistência, permitiram que ele retomasse a pintura. Quando a devolveu, Bonnard disse que a considerava terminada. A vela tomara conta de tudo. Agora ela prevalece sobre o mar, sobre as pessoas na embarcação, sobre o céu. Isso acontece num livro, numa virada de frase, você muda o assunto do livro. Sem perceber, você olha para a janela: a noite está ali. No dia seguinte, você se vê diante de outro livro. As pinturas, a escrita, não se realizam com total clareza. E sempre faltam palavras para expressá-las, sempre.

O azul do cachecol

Sou a única que sabe de que tom é o azul do cachecol da moça neste livro. Mas há falhas graves, essa não é uma delas. Por exemplo: sou também a única que vê o seu sorriso e o seu olhar. Sei que nunca serei capaz de descrevê-los a vocês. Fazê-los ver. Nunca, a ninguém. Há também coisas que permanecem desconhecidas para o próprio autor. É assim para mim com certos gestos, certas ousadias de Lol V. Stein durante a festa que ela dá, onde estão Tatiana Karl e outras pessoas jogando sinuca. No fundo da casa, ouve-se um violino. É o marido de Lol que está tocando. A atitude de Lol V. Stein, aquela conivência que tem com Jacques Hold durante esse jantar e que mudou o fim do livro, não consigo traduzi-la, dizer o sentido que ela tem, porque estou junto a Lol V. Stein, e ela não sabe exatamente o que faz e por que faz. Blanchot me repreendeu por ter usado um intermediário como J. Hold para me aproximar de Lol V. Stein. Ele teria preferido que eu não tivesse intermediários com Lol V. Stein. Mas eu só posso compreender Lol V. Stein quando ela está envolvida em uma ação com outro personagem, quando a escuto e a observo. Ela nunca está corpo a corpo comigo, como o Vice-Cônsul está. Um texto é um todo que avança junto, nunca se trata de um problema de escolha. Mesmo que eu descubra ao fim de um livro que determinado personagem amou outro personagem e não aquele que eu determinara, não vou modificar o passado do livro, o que já está escrito, mas sim o seu futuro. No momento em que me dou conta de que o amor não é aquele que eu pensava, estou com esse novo amor, sigo adiante com ele, não digo que o amor abandonado era falso, digo que acabou. Depois desse jantar na casa de L.V.S., as cores permanecem as mesmas, as das paredes, do jardim. Ninguém sabe ainda o que está prestes a mudar.

 Falei muito sobre a escrita. Não sei o que ela é.

Os homens

Se tivermos a mente propensa a generalizações, podemos dizer que *A doença da morte* é um primeiro estado de *Olhos azuis, cabelos pretos*.* Mas *A doença da morte*** foi um processo, e quanto a isso, não há nada de parecido, em nenhum sentido.

As pessoas, de Peter Handke a Maurice Blanchot, acreditaram que *A doença da morte* era contra os homens diante das mulheres. Se assim o quiserem. Mas digo que, se os homens se interessaram tanto por *A doença da morte*, é porque pressentiram que havia algo mais ali, algo que lhes dizia respeito. É extraordinário que tenham visto isso. Mas também é extraordinário que alguns não tenham visto que em *The Malady of Death* [A doença da morte], há um homem entre os homens, diante dos homens e, além disso, de forma muito específica, há somente um homem diante das mulheres.

Os homens são homossexuais. Todos os homens são potencialmente homossexuais, falta-lhes apenas saber, encontrar o incidente ou a evidência que lhes revele isso. Os homossexuais sabem e dizem isso. As mulheres que conheceram homossexuais e que os amaram também sabem e dizem o mesmo.

A travesti mascarada, invasora, clamorosa, deliciosa, inefável, coqueluche de todos os meios, carrega no centro de seu

---

*   M. Duras, op. cit.

** M. Duras, *La maladie de la mort*, Paris: Les Éditions de Minuit, 1982. [Ed. bras.: *O homem sentado no corredor. A doença da morte*, São Paulo: Cosac & Naify, 2007.]

corpo e de sua cabeça a morte da antinomia orgânica e fraterna entre homens e mulheres, o luto absoluto da mulher, esse segundo termo.

É menos o fruto de uma verdadeira experiência do que uma intuição, uma espécie de percepção cegante do que acontece realmente entre os homens. Não é um conhecimento pessoal do homem, de um estado geral do homem, é uma evidência. Agora, não falo mais sobre isso literalmente, com palavras. Agora que sei, não tenho mais palavras para dizer. Está lá, e não tem mais nome. Podemos proceder de longe, nos aproximando por metáfora, se preferir. Agora não digo mais como o fiz em *A doença da morte*, digo assim: é uma diferença de apenas uma palavra, não se sabe qual, é a importância de uma sombra sobre uma palavra, sobre o dizer de uma palavra. Uma cor sem personalidade, um azul ruim de repente. Uma diferença muito tênue, mas insuperável, ou, talvez, ao contrário, e igualmente, a ausência de uma sombra, em todos os lugares, no mar e na terra. E nos olhos, esse véu muito suave da falta de amor.

É entre o homem e a mulher que o imaginário é mais intenso. É ali que estão separados por uma frieza que a mulher reivindica cada vez mais e derruba o homem que a deseja. A própria mulher, na maioria das vezes, não sabe o que é esse mal que a priva do desejo. Muito mais frequentemente do que se pensa, ela não sabe o que é o desejo, como se manifesta na mulher, acredita que há coisas a serem feitas para que ela o sinta como algumas outras mulheres. Não há nada a dizer sobre esse ponto, exceto isto: onde acreditamos que o imaginário está ausente, é onde ele é mais forte. É a frigidez. A frigidez é o imaginário do desejo por parte da mulher que não deseja o homem que se propõe a ela. Essa frigidez é o desejo da mulher por um homem que ainda não chegou até ela, que ela ainda desconhece. A mulher é fiel a esse desconhecido antes mesmo de pertencer a ele. A frigidez é a falta de desejo pelo que não é esse homem. O fim da frigidez é uma ideia imprevisível, ilimitada, que nenhum homem pode alcançar completamente. É o desejo que a mulher tem apenas por seu amante. Seja quem for, da classe social que for, esse homem será o amante da mulher se é por ele que ela sente desejo. Essa entrega a um único ser no mundo, incontrolável, é feminina. Entre amantes, na heterossexualidade, pode acontecer de o desejo estar igualmente ligado à pessoa, e do homem, como a mulher, tornar-se frígido, impotente se mudar de parceira, mas isso é muito mais raro. Mesmo que essas sejam noções radicais, desesperadoras, são as que mais se aproximam da verdade.

A heterossexualidade é perigosa, é onde somos tentados a alcançar a dualidade perfeita do desejo.

Na heterossexualidade não há solução. O homem e a mulher são irreconciliáveis, e é essa tentativa impossível e renovada a cada amor que constitui sua grandeza.

A paixão da homossexualidade é a homossexualidade. O que o homossexual ama como seu amante, sua pátria, sua criação, sua terra, não é seu amante, é a homossexualidade.

Ali, na cavidade da vagina que ressoa como um oco em nosso corpo, é onde somos atingidas pelo desejo de nosso amante. Um lugar de onde o pênis de nosso amante está ausente. Não podemos nos enganar sobre esse amante. Ou seja, não podemos imaginar um pênis estrangeiro nesse lugar feito para um único homem, aquele que é nosso amante. Quando um homem estranho nos toca, gritamos de repulsa. Possuímos nosso amante como ele nos possui. Nos possuímos. O lugar dessa posse é o local da subjetividade absoluta. É ali que nosso amante nos desfere os golpes mais fortes, que imploramos que nos deem, para que se propaguem em eco por todo o nosso corpo, por nossa mente que se esvazia. É ali que queremos morrer.

O escritor que não conheceu mulheres, que nunca tocou o corpo de uma mulher, que talvez nunca tenha lido livros de mulheres, poemas escritos por mulheres, e que ainda assim acredita ter feito uma carreira literária, está enganado. Não se pode ignorar uma informação dessas e ser um mestre pensador, nem mesmo para seus pares. Roland Barthes era um homem por quem eu nutria amizade, mas que nunca consegui admirar. Parecia-me que mantinha sempre a mesma abordagem professoral, muito controlada, rigorosamente partidária. Uma vez terminado o ciclo das *Mitologias*,[*] não consegui mais lê-lo. Tentei ler seu livro sobre fotografia após a sua morte, mas novamente não consegui, exceto por um capítulo muito bonito sobre sua mãe. Essa mãe venerada, que foi sua companheira e a única heroína do deserto de sua vida. Depois, tentei ler *Fragmentos de um discurso amoroso*,[**] mas também não consegui. É muito inteligente, obviamente. Notas de um diário apaixonado, sim, é isso, apaixonado, fugindo disso por não amar, nada, porém, me parece, nada. Homem encantador, verdadeiramente encantador, de toda forma. E de toda forma, escritor. É isso. Escritor de uma certa escrita, imóvel, regular.

Até mesmo dentro de um particularismo religioso, é necessário abrir-se ao desconhecido, para que esse desconhecido entre e perturbe. É preciso abrir a lei e deixá-la aberta para que algo entre e perturbe o jogo habitual da liberdade. Abrir para o

---

[*] *Mitologias* (*Mythologies*), série de 53 textos escritos por Barthes entre 1954 e 1956 e reunidos em livro em 1957. (N.E.)

[**] Livro lançado por Barthes em 1977 (*Fragments d'un discours amoureux*), que obteve sucesso imediato. (N.E.)

sacrilégio, para o proibido, a fim de que o desconhecido das coisas entre e se manifeste. Em Roland Barthes isso não existe, não há esse tipo de movimento, impulsos adolescentes mais fortes que si mesmo, atravessando o que se apresenta. Roland Barthes deve ter sido adulto imediatamente após a infância. Não atravessou os perigos da adolescência.

Sexualmente, os homens costumam interpretar as coisas dos meus livros como sendo tendenciosas da minha parte. Eles filtram tudo o que leem, tudo o que nós fazemos. E riem de qualquer sexualidade que não seja a deles.

Em *O amante*, alguns homens sentem repulsa pelo casal da garotinha branca e do amante chinês. Pulamos as páginas, eles dizem, ou fechamos os olhos. Enquanto leem, fecham os olhos. Para eles, *O amante* é a família louca, os passeios, a balsa, Saigon à noite e todo o fuzuê colonial. Mas não a garotinha branca e o amante chinês. Mas para a maioria deles, o casal em *O amante* os enche de um desejo inesperado que vem das profundezas dos séculos, das profundezas dos homens, o desejo do incesto, do estupro. Para mim, essa garotinha que caminha pela cidade como se estivesse indo para a escola, ao longo da imensa avenida atravessada por bondes, passando pelas feiras, pelas calçadas lotadas, em direção a esse homem, em direção a essa obrigação servil para com o seu amante, tem uma liberdade que eu perdi.

Lembro-me da presença das mãos no corpo, da frescura da água nas jarras. Está calor, um calor tão intenso que é completamente inimaginável agora. Sou aquela que se deixa lavar, ele não seca meu corpo, ele me carrega, molhada, para a cama de campanha – a madeira lisa como seda, fresca –, liga o ventilador. Ele me devora com uma força e uma suavidade que me desfazem.

A pele. A pele do irmão mais novo. É a mesma. A mão. A mesma.

Acredito que a atitude do homem, em geral, com a mulher é uma conduta brutal, de autoridade. Mas essa conduta não prova que o homem seja brutal ou autoritário, prova que o homem é assim no casal heterossexual. Porque nesse casal ele se sente desconfortável. Ele desempenha um papel porque aquilo o entedia. No casal heterossexual, o homem espera seu momento, digamos assim, seu momento pessoal. Ele não sabe disso. O número de homens que esperam nos casais heterossexuais, sozinhos, no seu canto, sem linguagem comum com suas mulheres, ou nos salões, ou nas praias, ou nas ruas, e que ignoram isso, deve ser de milhões e milhões em todos os países do mundo. Esses homens não estão mais contidos quando deixam o papel que têm no casal heterossexual. O equivalente à conversa íntima entre as mulheres, os homens só conhecem com homens, com outros homens. Falar é falar sobre sua sexualidade. E falar sobre sexualidade é já estar na sexualidade. Não é falar sobre esporte ou sobre o trabalho.

As mulheres dissimulam as coisas. Entre si, falam apenas da vida material. Não são admitidas no domínio da espiritualidade. Há poucas que sabem disso. Há muitas que ainda não sabem. As mulheres têm sido informadas sobre si mesmas há séculos pelo homem, que lhes ensina que são inferiores a ele. E nessa posição de recuo, de oprimidas, a fala é muito mais solta, mais geral, porque permanece na materialidade da vida. Essa fala é mais antiga. A mulher carregou uma infelicidade praticamente estatutária por séculos antes de ver a luz do dia, num primeiro livro dedicado à mulher. O homem, não. É a mulher que é jovem, fresca. Ela não sabia.

A coisa comum entre eles e nós é o encanto, e o encanto é ser igual. Seja homem ou mulher, é descobrir que somos iguais.

Se você é um homem, sua companhia privilegiada na existência, aquela do seu coração, da sua carne, da sua raça, do seu sexo, é a do homem. É com essa disposição que você acolhe as mulheres. É o outro homem, o homem número dois que está em você, que vive com sua mulher e tem com ela relações sexuais comuns, utilitárias, culinárias, vitais, amorosas, até mesmo passionais, e também criadoras de filhos e de família. Mas o grande homem que está em você, o homem número um, tem uma relação decisiva apenas com seus irmãos, os homens. Vocês ouvem as conversas tranquilas das mulheres de vocês, em bloco, não as detalham, elas chegam a vocês como refrãos de canção. Mulheres não estão para serem ouvidas. Os discursos das mulheres não estão para serem ouvidos. Mas não queremos acusá-lo disso. É verdade que as mulheres ainda são entediantes, que muitas não ousam sair muito de seu papel. E é verdade que você não deseja que elas o façam. A burguesia francesa é sempre menor para uma mulher. Mas agora a mulher sabe disso. E ela está indo embora, está deixando o homem; está muito mais feliz do que antes. Com o seu homem, ela estava em estado de representação. Com os homossexuais, menos ainda.

A passagem de um homem da heterossexualidade para a homossexualidade é uma crise muito violenta. Não há mudança maior do que essa. O homem não se reconhece mais. É como se estivesse nascendo. Na maioria das vezes, ele não chega a dominar a crise, a decifrá-la. Primeiro, ele não reconhece nada, e, é claro, rejeita a hipótese da homossexualidade. A mulher desse homem, ela sabe, seja por meio dele ou de outros, de amigas, ela começa a "reconhecer" tudo. Tudo o que o homem fez ou disse no passado, passa a reconhecer. Ela diz: "Isso devia estar lá desde sempre e ele não via. Foram os outros que descobriram, os que são como ele."

Será a grande catástrofe de todos os tempos. Latente, num primeiro momento. Observa-se um ligeiro despovoamento. As pessoas não trabalham mais. Nessa primeira fase, recorre-se à imigração em massa para que o trabalho seja feito. E então, não se sabe o que se deve fazer. É possível que todos esperem juntos pelo despovoamento final. Dormiríamos o tempo todo. A morte do último homem passaria despercebida. Mas pode ser que novos heterossexuais surjam e voltem de novo para a encenação.

Sim, é realmente difícil falar sobre sexualidade. Antes de ser encanador, ou escritor, ou motorista de táxi, ou um homem sem profissão, ou jornalista, os homens são, antes de tudo, homens, heterossexuais ou homossexuais. A diferença é que alguns te lembram disso assim que te conhecem e outros um pouco mais tarde. É preciso gostar muito dos homens. Muito, muito. Gostar muito para amá-los. Sem isso, não é possível, não podemos suportá-los.

A casa

A casa é a casa de família, é feita para abrigar as crianças e os homens, para mantê-los num lugar feito para eles, para conter suas distrações, para distraí-los dessa vontade de aventura, de fuga, que é deles desde o início dos tempos. Quando esse assunto é abordado, o mais difícil é alcançar o material liso, sem asperezas, que é o pensamento da mulher em torno desse empreendimento insano que é uma casa. O da busca pelo ponto de convergência comum às crianças e aos homens.

O lugar da própria utopia é a casa criada pela mulher, essa tentativa à qual *ela não resiste*, de engajar os seus não na felicidade, mas na busca por ela, como se o próprio interesse do empreendimento girasse em torno dessa busca em si mesma, e que não se deveria rejeitar firmemente tal proposta já que ela é geral. A mulher diz que é preciso desconfiar e ao mesmo tempo compreender esse interesse singular pela felicidade. Ela acredita que isso levará as crianças a procurar, mais tarde, um estado feliz na vida. É isso que a mulher, a mãe, quer: fazer com que seu filho se interesse pela vida. A mãe sabe que o interesse pela felicidade dos outros é menos perigoso para a criança do que a crença na felicidade ela mesma.

Em Neauphle, eu cozinhava com frequência no início da tarde. Isso acontecia quando não havia pessoas por perto, quando estavam trabalhando, ou dando um passeio no lago, ou dormindo nos quartos. Eu tinha, então, todo o térreo da casa e o parque só para mim. Nesses momentos da minha vida, percebia claramente as pessoas e queria o melhor para elas. O tipo de silêncio que seguia a sua partida está gravado na minha memória. Entrar nesse silêncio era como entrar no mar. Era ao mesmo tempo uma felicidade e um estado muito específico de entrega a um pensamento que tomava forma, era um modo de pensar ou talvez de não pensar e, portanto – não está tão longe –, de escrever.

Devagar, com cuidado, para que aquilo durasse mais, eu preparava comida para aquelas pessoas ausentes durante essas tardes. Fazia sopa para que encontrassem pronta caso estivessem com muita fome. Se não houvesse sopa pronta, não havia nada. Se não houvesse algo pronto, é porque não havia nada, é porque não havia ninguém. Muitas vezes, os mantimentos estavam lá, comprados de manhã, então bastava descascar os vegetais, colocar a sopa para cozinhar e escrever. Nada mais.

Por muito tempo pensei em comprar uma casa. Nunca imaginei que poderia ter uma casa nova. Em Neauphle, a casa era inicialmente duas fazendas construídas um pouco antes da Revolução. Ela deve ter pouco mais de dois séculos. Pensei muito nisso. Ela esteve lá em 1789, em 1870. No cruzamento entre as florestas de Rambouillet e Versailles. Em 1958, era minha. Em algumas noites, pensava nisso até chegar a doer. Eu a via habitada por essas mulheres. Me via precedida por elas nesses mesmos quartos, sob os mesmos crepúsculos. Houve nove gerações de mulheres antes de mim entre essas paredes, muita gente, aqui, em torno das fogueiras, crianças, serviçais, vaqueiros. Toda a casa estava polida, com desgastes nos cantos das portas pela passagem dos corpos, das crianças, dos cães.

São coisas em que as mulheres pensam muito, anos a fio, e moldam os seus pensamentos quando as crianças são pequenas:

como evitar que o mal as atinja. E isso, quase sempre, não leva a nada.

Há mulheres que não conseguem, mulheres que não levam jeito para casa, que as sobrecarregam, as entulham, que não criam nenhuma abertura para o exterior em seu corpo, que se enganam completamente e não podem fazer nada, tornando impossível viver na casa, fazendo com que as crianças fujam dali aos quinze anos, como nós fugimos. *Fugimos porque a única aventura era aquela estabelecida pela mãe.*

Há muitas mulheres que não ordenam a bagunça, o problema da invasão da casa pelo que chamamos de bagunça nas famílias. Essas mulheres sabem que não conseguem superar as dificuldades incríveis que a organização de uma casa representa. Mas sabê-lo ou não o saber não muda nada. Essas mulheres transportam a desordem de um cômodo para outro, movendo-a ou escondendo-a em porões, ou em quartos fechados, em baús, em armários, criando, em sua própria casa, espaços trancados que não podem mais abrir, nem mesmo diante de suas famílias, sem incorrer em indignidade. Muitas delas são bem-intencionadas e ingênuas, e acreditam que se pode resolver a questão da bagunça deixando-a para "mais tarde", ignorando que esse momento, chamado por elas de "mais tarde", nao existe, nunca existirá. E será tarde demais quando ele realmente chegar. Que a desordem, em outras palavras, a acumulação de bens, deve ser resolvida de maneira extremamente dolorosa, pela separação desses bens. Acredito que todas as mulheres sofrem com isso, com a dificuldade de se desfazer de algo, de se separar. Existem famílias que, quando têm uma casa grande, guardam tudo por três séculos: as crianças, o Senhor Conde, prefeito da vila, os vestidos, os brinquedos.

Eu me desfiz de muita coisa e me arrependi. Sempre nos arrependemos de nos desfazer de algo em algum momento da vida. Mas se não nos desfazemos das coisas, se não nos separamos, se quisermos reter o tempo, podemos passar a vida organizando, arquivando a vida. Não é raro que as mulheres guardem as contas de luz e gás por vinte anos, sem razão alguma além de arquivar o tempo, arquivar seus méritos, o tempo passado por elas, do qual nada resta.

Digo de novo. Tem que ser dito muitas vezes. O trabalho de uma mulher, desde o momento em que se levanta até o momento em que se deita, é tão árduo quanto um dia de guerra, pior do que o dia de trabalho de um homem, porque ela tem de inventar sua agenda de acordo com a dos outros, da sua família e das instituições externas.

Em uma manhã de cinco horas, ela prepara o café da manhã das crianças, lava-as, veste-as, limpa a casa, arruma as camas, cuida da sua própria higiene, veste-se, vai às compras, cozinha, põe a mesa, em vinte minutos dá comida às crianças, briga com elas, as leva para a escola, lava a louça e a roupa, e mais isso, e mais aquilo. Talvez, por volta das três e meia, ela possa, durante meia hora, ler um jornal.

Uma boa mãe de família, para os homens, é a mulher que transforma essa descontinuidade de seu tempo em uma continuidade silenciosa e invisível.

Essa continuidade silenciosa era, aliás, considerada como a própria vida, não como um de seus atributos, a exemplo do trabalho. Aqui, estamos no fundo da mina.

Pode-se dizer que essa continuidade silenciosa existiu de tal forma e por tanto tempo que terminou não existindo de nenhuma forma para as pessoas ao redor da mulher. Quero dizer que, para os homens, o trabalho das mulheres era como as nuvens que trazem a chuva, ou a própria chuva que as nuvens trazem. Era uma tarefa completada de forma semelhante ao sono de cada dia. Logo, o homem estava contente, tudo ia bem em sua casa. O homem da Idade Média, o homem da Revolução, o homem de mil novecentos e oitenta e seis.

Estou esquecendo de dizer uma coisa que as mulheres precisam entender: não se deixem enganar, os filhos são como os pais. Tratam a mulher da mesma forma. Choram da mesma forma quando ela morre. Também dizem que nada a substituirá.

Antes era assim. Antes, onde quer que eu me posicione, em qualquer século da história do mundo, vejo a mulher em uma situação limite, insustentável, dançando sobre um fio acima da morte.

Agora, para qualquer parte do meu tempo que eu olhe, vejo a estrela dos escritórios de comunicação, do turismo ou dos bancos, a primeira aluna da turma, elegante e incansável, sabendo de tudo e, da mesma forma, dançando sobre um fio acima da morte.

Então, vejam, estou escrevendo em vão. Escrevo como deveria escrever, parece-me. Escrevo em vão. Nem sequer escrevo para as mulheres. Escrevo sobre as mulheres para escrever sobre mim, sobre mim sozinha através dos séculos.

Li *Um quarto só seu*,* de Virginia Woolf, e *A feiticeira*,** de Michelet.

---

* Virginia Woolf, *A Room of One's Own*, ensaio clássico publicado originalmente em 1929. [Ed. bras.: *Um quarto só seu*, trad. Julia Romeu, Rio de Janeiro: Bazar do Tempo, 2021].

** Jules Michelet, *La sorcière*, Paris: E. Dentu Libraire-Editeur, 1862. [Ed. bras.: *A feiticeira*, trad. Ana Moura, Cotia: Editora Aquariana, 2003.]

Não tenho mais nenhuma biblioteca. Desfiz-me delas, de qualquer ideia de biblioteca também. Acabou. Esses dois livros são como se eu tivesse aberto meu próprio corpo e minha mente e estivesse lendo a narrativa da minha vida na Idade Média, nas florestas e nas fábricas do século XIX. O de Woolf, não encontrei um único homem que o tenha lido. Estamos separados, como ela diz em seus romances, M.D.

A casa interior. A casa material.

Minha primeira escola foi minha própria mãe. Como ela organizava suas casas. Como ela as limpava. Foi ela quem me ensinou a limpeza, aquela limpeza fundamental, doentia, supersticiosa em 1915, na Indochina, de uma mãe com três crianças bem pequenas.

O que essa mulher, minha mãe, queria era nos assegurar, a nós, seus filhos, que em nenhum momento de nossas vidas, acontecesse o que acontecesse, nem os eventos mais graves, como a guerra, por exemplo, nos pegariam desprevenidos. Enquanto tivéssemos uma casa e a nossa mãe, nunca seríamos abandonados, levados pela tormenta, pegos de surpresa. Poderiam ocorrer guerras, isolamentos devido a inundações, à seca, mas para nós sempre haveria uma casa, uma mãe, o que comer e beber. Acredito que até o fim de sua vida ela fez geleias para a terceira guerra que viria. Estocou açúcar, macarrão. É uma aritmética pessimista que procede de um pessimismo fundamental, o qual herdei completamente.

Com o episódio da *Barragem*,[*] minha mãe havia sido roubada e abandonada por todos. Ela nos criou sem nenhuma ajuda. Nos explicou que foi roubada e abandonada porque nosso pai

---

[*] M. Duras. *Un barrage contre le Pacifique*. Paris: Gallimard, 1950. [Ed. bras.: *Uma barragem contra o Pacífico*. São Paulo: Arx, 2003.]

havia morrido e porque estava indefesa. Havia uma coisa sobre a qual estava certa, todos estávamos abandonados.

Me dá um gosto profundo administrar a casa. Tive esse prazer durante toda a minha vida. E ainda resta algo disso em mim. Até hoje, preciso saber o que há de comer nos armários, se temos tudo o que é necessário a qualquer momento, para durar, viver, sobreviver. Eu também ainda busco a autossuficiência do barco, da viagem da vida, para as pessoas que amo e para o meu filho.

Penso com frequência nas casas da minha mãe em todos os seus postos de trabalho, a 7 horas de trilha do primeiro posto médico, do primeiro médico. Eram cheias de comida e de remédios: antissépticos, sabão antibactericida, alume, ácidos, vinagres, quinino, desinfetantes, emetina, remédio para anemia, xarope para tosse, antiácidos, carvão. O que quero dizer é que minha mãe era mais do que apenas minha mãe, era como uma instituição. Os nativos também iam vê-la, para ser tratados por ela. A casa se estendia até lá, e também se expandia para fora. Era assim. Tivemos consciência disso muito cedo em nossas vidas e éramos muito gratos à minha mãe por isso. Era tudo ao mesmo tempo: a mãe, a casa ao redor dela, ela dentro da casa. Ela se estendia além de si mesma, com previsões de mau tempo, de anos de condenação. Minha mãe havia vivido duas guerras, nove anos de guerra. Ela esperava pela terceira guerra. Acredito que a esperou até sua morte, como se espera pela próxima estação. Ela só lia o jornal por isso, creio eu, para tentar ler nas entrelinhas se a guerra se aproximava. Não me lembro de ela ter me dito, nem uma única vez, que a guerra estava retrocedendo.

Às vezes, durante nossa infância, minha mãe brincava *de nos mostrar* a guerra. Pegava um bastão do tamanho aproximado de um rifle, colocava-o no ombro e marchava diante de nós enquanto cantava a música do batalhão de Sambre-et-Meuse. No fim, tinha uma crise de choro. E nós a consolávamos. Sim, minha mãe gostava da guerra dos homens.

Acredito que a mãe, em todos os casos, ou em quase todos, no caso de todas as infâncias, no caso de todas as existências que sucederam a essa infância, *a mãe representa a loucura. Ela segue sendo a pessoa mais estranha, mais louca que já conhecemos*, nós, seus filhos. Quando falam de suas mães, muitas pessoas dizem: "Minha mãe era louca, afirmo e acredito. Louca." Quando lembramos, rimos muito das mães. E é prazeroso.

Em Neauphle-le-Château, na minha casa de campo, fiz uma lista dos produtos que deveríamos sempre ter em casa. Eram cerca de vinte e cinco. Guardamos essa lista, ela ainda está lá, porque fui eu que a escrevi. Até hoje é abrangente.

Aqui em Trouville é outra coisa, é um apartamento. Eu não pensaria nisso para cá. Mas em Neauphle sempre fizemos estoques. Aqui está a lista:

sal refinado	cebola	molho de peixe	água sanitária
pimenta	alho	(*nuoc mám*)	sabão (mãos)
açúcar	leite	pão	esponja
café	manteiga	queijo	desinfete (Ajax)
vinho	chá	iogurte	fósforo
batata	farinha	detergente (Mir)	cigarro
macarrão	ovos	papel higiênico	sabão (máquina)
arroz	tomate	lâmpadas	esponja de aço
azeite	pelado	sabão de	filtros de café
vinagre	sal grosso	Marselha	fusíveis
	nescafé	fita adesiva	fita isolante

A lista ainda está lá, na parede. Não adicionamos nenhum produto além dos que estão aí. Nenhum, dentre os quinhentos ou seiscentos novos produtos que foram criados desde a criação dessa lista, há vinte anos, foi considerado.

A ordem exterior, a ordem interior da casa. A ordem exterior, isto é, a organização *visível* da casa, e a ordem interior, que é a das ideias, dos patamares sentimentais, das eternidades de sentimentos em relação às crianças. Uma casa como minha mãe concebia era, de fato, feita para nós. Não acredito que ela teria feito isso por um homem, nem por um amante. É uma atividade completamente ignorada pelos homens. Eles podem construir casas, mas criá-las, não. Em princípio, os homens não fazem nada pelas crianças. Nada material. Eles as levam ao cinema ou para passear. E é só isso, acredito eu. Quando voltam do trabalho, a criança chega até seus braços limpa, trocada, pronta para ir para a cama. Feliz. Isso faz uma montanha de diferença entre os homens e as mulheres.

Acredito, fundamentalmente, tocando no assunto de maneira fortuita, que a situação da mulher não mudou. A mulher cuida de tudo da casa, mesmo que seja ajudada a fazê-lo, ainda que seja muito mais informada, muito mais inteligente, muito mais audaciosa do que antes. Ainda que agora confie muito mais em si mesma. Ainda que escreva muito mais, a mulher, em relação ao homem, não mudou. Sua aspiração essencial ainda é a de manter a família, de sustentá-la. E se socialmente ela mudou, *tudo o que ela faz, faz além de fazer também isso, além da mudança.* Mas e o homem, mudou? Quase nada. Talvez grite menos. Também se cale mais agora. Sim. Não vemos mais nada ser dito. Acontece de ele ficar em silêncio. De ele ir chegando ao silêncio naturalmente. De descansar do barulho da própria voz.

A mulher é o lar. Ela era. Ainda é. Podem me fazer a seguinte pergunta: e quando o homem chega mais perto do lar, a mulher o suporta? Eu digo que sim. Sim, porque nesse momento o homem se torna uma parte das crianças.

É preciso atender às necessidades do homem, assim como às das crianças. E é também um prazer para a mulher. O homem se vê como um herói, assim como as crianças. Ele ama a guerra, a caçada, a pesca, as motos, os carros, assim como as crianças. Quando ele dorme, isso se nota, e nós, mulheres, gostamos dos homens assim. Não devemos nos enganar sobre isso. Gostamos dos homens inocentes, cruéis, gostamos dos caçadores, dos guerreiros, gostamos das crianças.

Por muito tempo, isso continuou. Quando a criança era pequena, eu ia buscar os pratos na cozinha para levá-los à mesa. Quando um prato acabava, e que esperavam por mais, eu servia o próximo sem pensar, com prazer. Muitas mulheres fazem o mesmo. Assim, como eu. Fazem isso até as crianças completarem doze anos, e depois continuam a fazer. Entre as italianas, por exemplo, na Sicília, você vê mulheres de oitenta anos servindo crianças de sessenta anos. Vi dessas mulheres na Sicília.

A casa é sempre, vamos admitir, um tanto como se te dessem um iate, um barco. É um trabalho impressionante gerenciar uma casa, seus móveis, imóveis e aspectos humanos. As mulheres que não são plenamente mulheres, que não são firmes, que cometem erros graves em sua gestão são aquelas que não fazem os reparos imediatamente. Cheguei onde queria, aos reparos da casa. Gostaria muito de entrar em todos os detalhes, mas talvez o leitor não entenda o porquê. De qualquer forma, aqui está o que tenho a dizer. As mulheres que esperam que três tomadas estejam quebradas, que o aspirador esteja quebrado, que as torneiras estejam pingando para chamar o encanador, ou para ir comprar novas tomadas, bem, estão erradas. Geralmente, são mulheres desprezadas que fazem isso, que "deixam pra lá", mulheres que pensavam que o marido deveria perceber e deduzir que estão infelizes por causa dele. Essas mulheres não sabem que os homens não veem nada em uma casa mantida por elas, pois é algo que faz parte da vida deles o tempo todo, algo que viram durante toda a infância com uma mulher que era a mãe deles. Claro que eles veem que as tomadas estão quebradas, mas o que eles dizem? Eles dizem "Olha, as tomadas estão quebradas" e seguem em frente. Se o aspirador estiver quebrado, eles não vão ver. Eles não veem nada disso. Assim como as crianças, nada. Portanto, o comportamento da mulher é inacessível para o homem. Se a mulher deixa de fazer alguma coisa, se ela esquece, ou se ela se vinga, por exemplo, não comprando novas tomadas, os homens não vão perceber. Ou vão pensar que ela tem suas razões para não comprar as tomadas ou não consertar o aspirador, e seria indelicado perguntar quais são.

    Provavelmente têm medo de se encontrar de repente diante do desespero delas, de serem invadidos por ele, derrubados. Dizem que os homens "estão se envolvendo" agora. Não sabemos muito bem o que isso significa. Os homens estão tentando "se envolver" – na encrenca material –, isso é certo. Mas não sei muito bem o que pensar sobre isso. Tenho um amigo que cozinha, faz faxina. Sua esposa não faz nada. Ela tem um desgosto profundo pela limpeza. Não sabe cozinhar absolutamente nada. Então, meu amigo cuida das crianças, cozinha, lava o chão, faz as compras, arruma as camas, todas as tarefas domésticas. Além disso, trabalha para sustentar a vida da esposa e dos filhos. Sua esposa queria estar longe do barulho e ter amantes quando lhe apetecesse. Pegou, então, uma casinha perto da casa onde o homem mora com os dois filhos. É algo que ele aceita, para mantê-la, já que ela é mãe de seus filhos. Ele aceita tudo. Não sofre mais. O que dizer sobre isso? Minha reação é de um leve desgosto diante de um tão notável homem de tarefas.

As pessoas me dizem que os homens frequentemente fazem os trabalhos pesados e que os encontramos nas seções de ferramentas das grandes lojas. Não comento essas coisas, porque os trabalhos pesados são como esporte para os homens. Cortar árvores é, depois do expediente, uma espécie de esporte, não é um trabalho. Um homem de força média, de estatura normal, se lhe dizem o que fazer, ele faz. Lavar dois pratos, ele faz, fazer as compras, ele faz. Ele tem essa tendência desastrosa de acreditar que é um herói quando compra batatas. Mas pouco importa.

Dizem que estou exagerando. O tempo todo me dizem "Você está exagerando." Acham que é essa a palavra? Vocês falam em idealização, que estou idealizando a mulher? É possível. Quem diz isso? Isso não faz mal à mulher, ser idealizada.

Vocês podem pensar o que quiserem sobre o que estou dizendo. Devo estar falando numa linguagem incompreensível, já que falo do trabalho da mulher. O importante é falar dela e de sua casa e do entorno da mulher, da sua gestão de bens.

Um homem e uma mulher são diferentes, de toda forma. A maternidade não é a paternidade. Na maternidade, a mulher entrega seu corpo ao filho, aos filhos; eles estão sobre ela como se fosse uma colina, um jardim, se alimentam dela, batem nela, dormem sobre ela e ela se deixa devorar e às vezes dorme enquanto estão sobre seu corpo. Nada semelhante ocorrerá na paternidade.

Mas talvez a mulher segregue seu próprio desespero ao longo de suas maternidades, de suas uniões conjugais. Talvez ela perca seu reino no desespero de cada dia, e isso ao longo de toda a sua vida. Talvez suas aspirações de juventude, sua força, seu amor, escorram dela precisamente pelas feridas feitas e recebidas na mais pura legalidade. Talvez seja assim. Talvez a mulher esteja sujeita ao martírio. Talvez a mulher completamente realizada na demonstração de sua habilidade, de sua esportividade, de sua culinária, de sua virtude, não tenha mais valor algum.

Há mulheres que se desfazem de coisas. Desfaço-me de muitas coisas.

Durante quinze anos, joguei fora meus manuscritos assim que o livro era publicado. Ao tentar entender por que, acredito que era para apagar o crime, desvalorizá-lo aos meus próprios olhos, para que eu "passasse melhor" no meu próprio meio, para amenizar a indecência de escrever quando se era uma mulher há apenas quarenta anos. Eu guardava retalhos de costura, restos de alimentos, mas isso não. Por quinze anos, queimei meus manuscritos. Então, um dia, me disseram: "Guarde para seu filho no futuro, nunca se sabe".

Era na lareira da sala de Neauphle que tudo acontecia. Tratava-se de uma destruição primordial, feita pelo fogo. Será que eu já sabia tão cedo na vida que era uma escritora? É provável. Lembro-me dos dias seguintes. O lugar voltava a seu estado limpo, virginal. A casa se iluminava, as mesas voltavam a estar disponíveis, lisas, livres, os rastros completamente apagados.

Antes, as mulheres guardavam muito. Elas guardavam os brinquedos das crianças, seus deveres, suas primeiras redações. Guardavam as fotos de sua juventude. Fotos escuras, embaçadas, que as deslumbravam. Guardavam seus vestidos de moça, seus vestidos de noiva, o buquê de flores de laranjeira, mas principalmente as fotografias. As fotos de um mundo que seus filhos não haviam conhecido, valiosas apenas para elas.

A invasão da casa pela maré de bens materiais também vem, talvez acima de tudo, das liquidações, das superliquidações, das queimas de estoque que regularmente inundam Paris, num ritual que talvez aconteça há muito tempo. As lojas de cama, mesa e banho, os saldões de verão no outono, os saldões de outono no inverno, todas essas coisas que as mulheres compram como se fossem adictas, porque são baratas e não porque precisam delas, todas essas "loucuras" são frequentemente deixadas de lado assim que entram em casa. Elas dizem: "Não sei o que me deu", como diriam de uma noite passada num hotel com um desconhecido.

Nos séculos passados, a maioria das mulheres tinha apenas dois ou três *collants*, uma camisola, dois saiotes; no inverno, usavam tudo isso em camadas. No verão, essas roupas cabiam numa trouxa de algodão amarrada em cruz. Era com isso que partiam para o mundo ou para se casar. Agora, devem ter duzentas e cinquenta vezes mais roupas do que tinham há duzentos anos. Mas a permanência da mulher na casa permanece da mesma natureza. Ainda se trata de uma existência já escrita, já descrita, mesmo aos seus próprios olhos. É um papel, de certa forma, no sentido teatral da palavra, mas que ela desempenha inevitavelmente, quase sem perceber, no teatro da profunda solidão que, por séculos, tem sido sua vida; dessa maneira, a mulher viaja. Essa viagem não é de guerras nem de cruzadas, acontece na casa, na floresta e em sua mente crivada de crenças, muitas vezes fraca, doente. É nesse caso que a promovem a bruxa, como você é, como eu sou, e a queimam.

Durante certos verões e invernos, certas horas de certos séculos, as mulheres partiam com a passagem do tempo, com a luz, com os ruídos, com o movimento dos animais nos esconderijos, com os gritos dos pássaros. O homem não tem consciência dessa viagem das mulheres. O homem não consegue estar a par dessas coisas. O homem está ocupado com um serviço, com um trabalho, tem uma responsabilidade que nunca o abandona, que o impede de saber qualquer coisa sobre as mulheres, sobre a liberdade das mulheres. Desde muito cedo, na história, o homem não tem mais liberdade. Por muito tempo, ao longo dos séculos, os homens que estão próximos das mulheres são criados da fazenda; geralmente são meio devagar, indefesos, riem de tudo, vivem surrados. Estão ali no meio das mulheres para fazê-las rir, e elas, por sua vez, os escondem, os salvam da morte. Em certas horas de certos dias desses séculos, pássaros solitários gritavam na escuridão luminosa de antes do desaparecimento da luz. Já naquela época, a noite podia cair rápida ou lentamente, dependendo dos dias da estação, do estado do céu ou da pena terrível ou leve que tínhamos no coração.

As cabanas na floresta precisavam ser sólidas contra os lobos, contra os homens. Estamos em 1350, por exemplo. Ela tem vinte anos, trinta anos, quarenta anos, não mais que isso. Ela raramente ultrapassa essa idade. Nas cidades, há peste. Ela tem fome o tempo todo. Medo. A solidão que flui ao redor da forma faminta é que funda o reinado. Não é a fome, nem o medo. Michelet não consegue pensar em nós, de tão magras e raquíticas que somos. Fazemos dez filhos para manter um. Nosso marido está longe.

Quando nos cansaremos desta floresta do nosso desespero? Deste Sião? Do homem que primeiro ateou fogo à fogueira?

Perdoem-nos por falar disso com tanta frequência.

Estamos aqui. Onde nossa história se desenrola. Não em outro lugar. Não temos amantes, exceto os do sono. Não temos desejos humanos. Conhecemos apenas o rosto dos animais, a forma e a beleza das florestas. Temos medo de nós mesmas. Temos frio em nossos corpos. Somos feitas de frio, medo, desejo. Éramos queimadas. Ainda nos matam no Kuwait e nas regiões rurais da Arábia.

Há também casas muito bem-feitas, planejadas até demais, sem incidente algum, planejadas antecipadamente por especialistas. Chamo de incidente o imprevisível revelado pelo uso da casa. A sala de jantar é grande porque é lá que recebemos os convidados, mas a cozinha é pequena, cada vez menor. Ainda comemos ali, nos amontoamos – quando alguém sai, os demais precisam se levantar –, mas não a abandonamos.

Há quem gostaria que as pessoas desaprendessem a comer na cozinha, mas é lá que todos se encontram, para onde todos vão ao anoitecer, é lá que faz calor e onde ficamos com a mãe, que cozinha enquanto conversa. A área de serviço, a lavanderia, onde lavamos roupa, também não existe mais e é, no entanto, insubstituível, assim como as cozinhas grandes, como os pátios.

Hoje em dia, você mesmo já não pode mais planejar a sua casa, é malvisto, te dizem que "isso era bom antes, agora há especialistas que fazem isso e fazem melhor do que você."

Sinto um grande desgosto ao ver esse tipo de solicitude se desenvolver. Em geral, as casas modernas carecem desses cômodos que são fases complementares das propostas principais como a cozinha ou o quarto. Estou falando dos cômodos onde organizar a despesa. Nos perguntamos como viver sem isso, onde colocar a roupa passada, as provisões, a costura, as nozes, as maçãs, os queijos, as máquinas, as ferramentas, os brinquedos etc.

Da mesma forma, as casas modernas carecem de corredores para que as crianças corram e brinquem, para os cachorros, os guarda-chuvas, os casacos, as mochilas, e não esqueçamos: os corredores são o lugar por onde ficam as crianças menores quando estão exaustas, é lá que dormem, é lá que vamos buscá-las para colocá-las na cama, é para lá que vão quando têm quatro anos e estão fartos dos mais velhos, da filosofia deles, de tudo, é para lá que vão quando duvidam de si mesmos, é lá que choram sem gritar e sem pedir nada.

Sempre falta um espaço para as crianças na casa, sempre, em todos os casos, até mesmo em castelos. As crianças não olham para as casas, mas as conhecem, conhecem seus cantos; melhor do que a mãe, as crianças exploram. Elas procuram. As crianças não reparam nas casas, veem apenas o que conseguem através das paredes de carne que os encerram, mas as conhecem. É quando saem de casa que reparam.

Eu também gostaria de falar sobre a água, sobre a limpeza das casas. Uma casa suja é terrível, serve apenas para a mulher suja, o homem sujo, as crianças sujas. Não é possível habitá-la se não formos da família suja. Uma casa suja significa outra coisa para mim, um estado perigoso da mulher, um estado de cegueira, ela esqueceu que podem ver o que fez ou o que não faz, está suja sem saber. Pratos empilhados, gordura, todas as panelas sujas. Conheci pessoas que esperavam pelos vermes na louça suja para lavá-la.

Algumas cozinhas assustam, desesperam. Crianças criadas na sujeira é o que há de pior, ficam sujas pelo resto da vida. Bebezinhos sujos são o que há de mais sujo.

Nas colônias, a sujeira era mortal, trazia os ratos, e eles traziam a peste. Assim como as notas em papel traziam a lepra.

A limpeza é, portanto, também uma espécie de superstição para mim. Quando me falam de alguém, sempre pergunto se é uma pessoa limpa, mesmo agora, pergunto como perguntaria se é uma pessoa inteligente, sincera ou honesta.

Hesitei em manter o texto sobre a limpeza em *O amante*, não sei bem por quê. Estávamos sempre na água na nossa infância nas colônias, nadávamos nos rios, tomávamos banho com a água das jarras de manhã e à noite, andávamos descalços por todos os lugares, exceto na rua, mas era quando lavávamos a casa com grandes baldes d'água junto às crianças dos empregados que era a festa da grande fraternidade entre as crianças dos empregados e as crianças brancas. Nesses dias, minha mãe ria de prazer. Não consigo pensar na minha infância sem pensar na água. Minha terra natal é uma pátria de águas. A água dos lagos, dos riachos que desciam da montanha, a dos campos de arroz, a água lamacenta dos rios da planície onde nos abrigávamos durante as tempestades. A chuva doía, de tão espessa que era. Em dez minutos, o jardim estava alagado. Quem é capaz de descrever o cheiro da terra quente que exalava após a chuva... O de algumas flores. O de um jasmim em um jardim. Sou alguém que nunca poderá voltar à sua terra natal. Provavelmente porque era uma natureza, um clima feito para crianças. Uma vez que crescemos, torna-se externo, não levamos essas memórias conosco, as deixamos onde foram feitas. Não nasci em lugar algum.

Recentemente, tivemos de quebrar o chão da cozinha aqui na França, em Neauphle, para fazer um degrau adicional. A casa está afundando. É uma casa muito antiga, perto de um lago; a terra é macia e muito úmida, e a casa está afundando aos poucos, de modo que o primeiro degrau da escada ficou muito alto, cansativo. O pedreiro teve que cavar um buraco para encontrar a parte pavimentada, ela estava descendo, cavamos mais e continuava descendo, muito forte, mas para onde? O que era aquilo? Sobre o quê é que a casa tinha sido construída? Paramos de cavar, de investigar. Fechamos. Cimentamos. Fizemos o degrau adicional.

Cabourg

Aconteceu no fim do grande cais de Cabourg em direção ao porto dos iates. Na praia, a criança estava soltando uma pipa chinesa, como em *O verão de 80*. A criança não se movia do lugar de onde estava. Em volta dela, outras crianças jogavam bola. Estávamos relativamente longe, na varanda. Ventava, e estava anoitecendo. A criança não se movia, a ponto de sua imobilidade começar a nos parecer insuportável, e depois dolorosa. De tanto observar, de a examinar, de escavar a imagem, percebemos o que estava acontecendo. A criança tinha as duas pernas paralisadas, magras como gravetos. Alguém provavelmente viria buscá-la. Algumas crianças já estavam indo embora. A criança continuava a brincar com a pipa. Às vezes dizemos "vou me matar", e depois continuamos o livro. Alguém deve ter vindo buscar a criança antes de anoitecer. A pipa no céu mostrava onde ela estava, não tinha como errar.

Animais

Animais: gostaria de ter muitos deles, e diferentes. É impossível ter uma vaca em Paris, tão impossível quanto ser louco. Uma vaca em Paris amarrada à porta dos prédios é hospício na manhã seguinte, tanto para a vaca quanto para o dono. Na semana passada, vi na televisão uma grande ursa saindo debaixo do gelo do Ártico. Ela levantou a cabeça, olhou ao redor. Se ergueu para fora de sua toca e caiu, fraca. Ela teve três filhotes no inverno de 1986, aquela grande ursa, e não se moveu, não comeu por três meses. Seus três filhotes estão muito fortes e bem alimentados por seu leite. Ela já não tem mais forças. Sai por um minuto no primeiro dia, dez minutos no segundo, e assim por diante. Após uma semana, ela desce rolando até o mar. Ela nada enquanto observa a toca da qual os filhotes estão proibidos de sair. Ela não enrola, come metade de um filhote de foca e leva a outra metade para os filhotes. É grande como o general De Gaulle, faz lembrar dele. Magnífica. A cem metros de sua toca, há um macho observando. Ela para, olha para ele. Ele foge, aterrorizado.

Trouville

Trouville. É minha casa agora. Suplantou Neauphle e Paris. Foi lá que conheci Yann. Ele chega pelo pátio, desajeitado, magro. Caminha rápido, está num período depressivo. Está pálido. Ele tem medo, no início. Depois o medo passa. Eu mostro o mar a ele. É um luxo inacreditável poder vê-lo da sacada. Quando bombardeiam as cidades, sempre sobram ruínas, cadáveres. No mar, você lança uma bomba atômica e, dez minutos depois, ele retoma sua forma. Não se pode moldar a água. Enquanto escrevo que Yann chegou à minha casa em 1980, Yann fala ao telefone. Ele passa dez horas por dia ao telefone, está em pleno período telefônico. Quatro mil novecentos e cinquenta francos pelo mês de agosto. Telefona para pessoas que não conhece. E para pessoas que viu apenas uma vez na vida. E para a Áustria, para a Alemanha, para a Itália, para pessoas que não vê há dez anos. A cada telefonema, chora de tanto rir. É muito difícil trabalhar. Depois, sai para caminhar pelas colinas. Às vezes, ele liga para não sei quem durante três dias seguidos e depois a coisa morre, ele deixa para lá. Muitas vezes, por um comentário que a pessoa fez, do tipo "Sem minha esposa, eu não estaria onde estou", que é a humilde declaração de todos os grandes homens do século, desde Dumézil até De Gaulle.

A estrela

A morte, a vinda da morte em nossa direção, também é essa lembrança. É como o presente. Está inteiramente aqui, como a lembrança do que aconteceu, do que está por acontecer, a primavera dos anos passados, acumulados, e a que está por vir, uma folha de cada vez, prestes a estar aqui conosco. É, da mesma forma, a explosão daquela estrela que ocorreu há 174 milhões de anos e que se tornou visível da Terra num dia de fevereiro de 1987, numa hora específica da noite, tão precisa quanto o nascer da folha numa determinada hora do dia. A morte também é esse presente, a ideia de que poderíamos não ter tido conhecimento dela.

O uniforme M.D.

Madeleine Renaud é vestida por Yves Saint-Laurent, ele faz vestidos para ela, a vestem e pronto, ela circula com eles. Nos perguntamos se ela sabe que o vestido que está usando é novo. Ela sabe menos coisas agora, a Madeleine. Nós nos amamos muito, acredito que ela ainda saiba. Muitas vezes penso que somos duas, Madeleine e eu, que não somos vaidosas. Mas é mais complicado do que isso. Eu tenho um uniforme já faz quinze anos, é o uniforme M.D., que supostamente deu um visual Duras, adotado por um estilista no ano passado: colete preto, saia reta, suéter de gola alta e botas curtas no inverno. Eu disse que não sou vaidosa, mas é mentira. A busca pelo uniforme é a busca por uma conformidade entre a forma e o conteúdo, entre o que se acredita parecer e o que se gostaria de parecer, entre o que se acredita ser e o que se deseja mostrar de forma alusiva nas roupas que se veste. Você encontra sem realmente procurar. Uma vez encontrado, é definitivo. E acaba por te definir. Enfim, está feito. É uma conveniência. Sou muito pequena. Por isso, a maioria das roupas que a grande maioria das mulheres usa, eu não pude usar. Toda a minha vida foi marcada por essa dificuldade, esse problema de não me destacar nas roupas para não chamar a atenção para o fato de ser uma mulher muito pequena. Garantir que as pessoas não façam mais perguntas sobre minha altura usando sempre as mesmas roupas. De modo que seja mais a uniformidade da roupa que eles notem, e não a razão da coisa. Não uso mais bolsa. Minha vida mudou por causa disso. Mas mesmo antes do colete, já era um pouco igual, um pouco diferentemente igual.

Para mim, não valia a pena me cobrir com roupas bonitas, porque eu escrevia. Isso é válido mesmo antes de escrever, essas coisas. Os homens gostam de mulheres que escrevem. Eles não dizem isso. Um escritor é uma terra estrangeira.

Com isso, você sabe tudo.

O corpo dos escritores

O corpo dos escritores participa de sua escrita. Os escritores provocam a sexualidade em si mesmos. Como os príncipes e as pessoas no poder. É como se os homens tivessem dormido com nossa mente, penetrado nossa mente ao mesmo tempo que nosso corpo. Não fui exceção. Com os amantes que não eram intelectuais, essa espécie de fascinação também acontecia. Para um trabalhador, a mulher que escreve livros é o que ele nunca terá. Isso é assim no mundo todo, para todos os escritores, homens e mulheres. São objetos sexuais por excelência. Quando jovem, me senti atraída por homens mais velhos, porque eram escritores. Nunca pude conceber a sexualidade sem inteligência, e a inteligência sem uma espécie de ausência de si mesmo. Muitos intelectuais são amantes desajeitados, tímidos, e assustados, distraídos. Isso não me importava, desde que, longe de mim, fossem escritores igualmente distraídos de seus próprios corpos. Percebi que os escritores que fazem amor magnificamente são muito menos grandes escritores do que aqueles que o fazem não tão bem e com medo. O talento, o gênio, convocam o estupro, o convocam como convocam a morte. Os falsos escritores não têm esses problemas. São saudáveis e podemos ir com eles com segurança. Nos casais de escritores, a mulher, ao falar sobre o trabalho deles, diz: "Meu marido é um escritor." O marido diz: "Minha esposa também escreve." Os filhos dizem: "Meu papai escreve livros, minha mamãe também às vezes."

Alain Veinstein

Estes são dias difíceis para mim, é o fim do livro, há essa solidão como se o livro fechado continuasse em algum lugar em mim e escapasse novamente. Não consigo falar sobre isso. Durante todo o programa de Alain Veinstein* na France Culture** ontem à noite, 25 de novembro, nas duas horas que durou, eu não conseguia formar uma frase, como se tivesse me tornado afásica, era impressionante. A. Veinstein esperava o tempo necessário, eu sempre acabava dizendo algo. E então, eu parava de novo. Eu me perguntava o que poderia ter acontecido comigo, de que pesadelo eu estava saindo. Não sei bem. Houve aquela história, é claro. Aconteceu comigo aquela história aos sessenta e cinco anos com Y.A., homossexual. É sem dúvida a coisa mais inesperada desta última parte da minha vida que me aconteceu, a mais aterrorizante, a mais importante. Se assemelha ao que acontece em *A dor*.*** Mas, neste caso, o homem está presente, eu não o estou esperando, ele não está nos campos, está aqui, ele me protege da morte, é isso que faz, quer ignorá-la. Ele não sabe,

---

* Alain Veinstein (1942) é escritor, jornalista e produtor de rádio francês. Sua obra literária abrange uma ampla gama de gêneros, incluindo poesia, ficção e ensaio. (N.E.)

** France Culture é uma estação de rádio pública francesa, fundada em 1946, dedicada à programação cultural. (N.E.)

*** M. Duras, *La douleur*, Paris: P.O.L., 1985. [Ed. bras.: *A dor*, trad. Luciene Guimarães de Oliveira e Tatiane França, Rio de Janeiro: Bazar do Tempo, 2023.]

acredita nisso. Uma coisa é clara, nem ele, nem eu suportamos a ideia de continuar a viver após a morte do outro. Sabemos que nos amamos. Ficamos em silêncio. É inacessível, até mesmo para nós. Não foi apenas essa história, teve aquele livro extenuante e Yann nos caminhos do livro, como um louco, lançando-se sobre o livro como se quisesse impedir que fosse escrito e, ao fazer isso, estimulando sua escrita.

No Hospital Americano, durante o coma, havia momentos de clareza e eu o via perto de mim, eram momentos muito raros, muito curtos, eu percebia que ele me desejava. Perguntei a ele, disse a ele "Durante o coma, como você não sabia se eu sobreviveria, você me desejava." Ele disse: "Sim, é verdade." Conversamos sem tirar conclusões. Eu não podia mais falar, não podia mais escrever. Não podia mais segurar uma colher, babava e sujava tudo. Não sabia mais andar. Me enganava. Caía. Era essa mulher que ele desejava e amava profundamente, Y.A.

As florestas de Racine

Quando estou em Trouville, não consigo imaginar que possa voltar a Paris. Não sei mais o que faria lá. Vejo pouquíssimas pessoas. É muito mais grave do que estou dizendo. Muito mais. Não sei mais como viver em Paris. Colocamo-nos em situações assim, sem cautela, e depois veja só. Não consigo enxergar nem a dois dias de distância o desenrolar da minha vida. Nem sem esse homem, nem com ele, como em histórias diferentes da nossa. É verdade, confirmo o que disse a Veinstein, não se trata de sofrimento, mas da confirmação de um desespero inicial, quase como o da infância, poderíamos dizer, como se de repente recuperássemos o conhecimento do impossível que tínhamos aos oito anos, diante das coisas, das pessoas, do mar, da vida, diante da limitação do nosso próprio corpo, das árvores da floresta às quais não podíamos acessar sem arriscar a própria vida, diante das partidas em transatlânticos como se fossem para sempre, sempre, diante da mãe que chora pelo pai morto numa tristeza que sabemos ser infantil e que, no entanto, pode tirá-la de nós. Deve ser isso o esplendor da idade. Ainda não estou lá, mas estou me aproximando. É essa evidência de que as pessoas se enganam quando não inauguram um comportamento que lhes é pessoal. Minha mãe sempre chorava em circunstâncias específicas, ria ao fim dos banquetes, como se deve fazer, das piadas grosseiras dos homens. Nas vezes em que agia como todo mundo, às vezes isso era tão terrível para nós que, quando regressava, era como se precisássemos perdoá-la.

Éramos distantes com ela. Quando voltava das festas onde fazia parecer que se divertia, sabíamos que não havia se divertido, que havia morrido de tédio. Ela fazia tudo o que era preciso para ser como os outros, mas com a gente isso nunca funcionou. Sabíamos que ela estava em outro lugar, ali onde ela mesma não sabia que estava, naquele estado divino fora do qual não podíamos vê-la. Ela participava do divino, e éramos os únicos a saber. Se hoje sabemos que Van Gogh participa do divino, assim como Matisse, Nicolas de Staël, Monet, é por causa da infância que atravessamos, por essa escrutinação incansável de uma profundidade vertiginosa que realizamos com nossa mãe. Eu gostaria de misturar Van Gogh e os outros a essa história com Yann, porque essa história com ele também participa do divino. A música também é o divino. É preciso procurar muito para encontrá-lo na escrita, e eu o encontrei, o vento do divino sopra nas grandes florestas de Racine. Nos cumes da grande floresta raciniana. É Racine, mas é Racine não detalhado, não lido nem pensado. É a música de Racine. É a música que fala. Não é outra coisa, muitos se enganam; é Mozart, é Racine também, de forma gritante.

O trem para Bordeaux

Uma vez, eu tinha 16 anos. Ainda tinha uma aparência de criança naquela idade. Foi na volta de Saigon, depois do amante chinês, num trem noturno, o trem para Bordeaux, por volta de 1930. Estava com minha família, meus dois irmãos e minha mãe. Havia, creio eu, duas ou três outras pessoas no vagão da terceira classe com oito lugares, e havia também um homem jovem na minha frente, que me observava. Devia ter uns trinta anos. Devia ser verão. Eu ainda usava esses vestidos claros das colônias e os pés à mostra nas sandálias. Não estava com sono. Esse homem fazia perguntas sobre a minha família, e eu contava como vivíamos nas colônias, as chuvas, o calor, as varandas, a diferença com a França, as caminhadas nas florestas, o vestibular que eu prestaria naquele ano, coisas assim, de uma conversa comum num trem quando desembrulhamos nossa história inteira e a da nossa família. E então, de repente, percebemos que todos dormiam. Minha mãe e meus irmãos haviam caído rapidamente no sono após a partida de Bordeaux. Eu falava baixo para não os acordar. Se me ouvissem contando as histórias da família, teriam me proibido de fazê-lo aos gritos, com ameaças e berros. Falar baixinho assim com aquele homem sozinho fez com que os três ou quatro outros passageiros do vagão adormecessem. E assim, ficamos só nós dois acordados, eu e esse homem. E, foi assim que tudo começou, de repente, no mesmo momento, exatamente, e brutalmente, num único olhar. Naquela época, não se falava sobre essas coisas, especialmente nessas circunstâncias. De repente, não conseguimos mais nos falar. Não conseguimos mais nos olhar, estávamos sem forças, petrificados. Fui eu quem disse que precisávamos dormir para não ficarmos muito cansados na manhã seguinte, quando chegássemos a Paris. Ele estava perto da porta, apagou a luz. Entre ele e eu, havia um lugar vazio. Deitei-me no banco, dobrei as pernas e fechei os olhos. Ouvi quando abriu a porta. Ele saiu e voltou com uma manta de trem que estendeu sobre mim. Abri os olhos para sorrir e agradecer. Ele disse: "À noite, nos trens, desligam o aquecedor, faz frio de manhã." Adormeci.

Fui acordada por sua mão suave e quente em minhas pernas, lentamente as desdobrando e tentando subir em direção ao meu corpo. Abri um pouco os olhos. Vi que ele observava as pessoas no vagão, vigiando, tinha medo. Muito lentamente, movi meu corpo em sua direção. Coloquei meus pés contra ele, entreguei-os a ele. Ele os segurou. Com os olhos fechados, eu acompanhava todos os seus movimentos. Eles eram vagarosos no início, depois foram ficando cada vez mais lentos, contidos até o fim, entregues ao prazer, tão exaustivo como se ele tivesse gritado.

Houve um longo momento em que nada mais aconteceu, exceto o barulho daquele trem. Foi ficando mais rápido até o som tornar-se ensurdecedor. Depois voltou a ser suportável. Sua mão chegou até mim. Estava desnorteada, ainda quente, com medo. Eu a segurei na minha, depois a soltei, deixei-a agir.

O barulho do trem voltou. A mão se afastou, ficou longe de mim por um bom tempo, já não sei mais, devo ter caído no sono.

Ela voltou.

Ela acaricia o corpo inteiro e depois acaricia os seios, a barriga, os quadris, num estado de ânimo suave, às vezes exasperado pelo retorno do desejo. Ela para, e depois continua. Ela chega ao sexo, tremendo, pronta para morder, de novo ardente.

E então recomeça. Ela volta a si, se acalma, se torna amável para se despedir da criança. Ao redor da mão, o som do trem. Ao redor do trem, a noite. O silêncio dos corredores no barulho do trem. As paradas que despertavam. Ele desceu na noite. Em Paris, quando abri os olhos, seu lugar estava vazio.

O livro

O livro é a história de duas pessoas que amam. É isso, amam sem estar cientes disso. Isso acontece fora do livro. Estou dizendo algo que não quis dizer no livro, mas que não posso esquecer de dizer agora, mesmo que seja um pouco difícil encontrar as palavras para tanto. Esse amor existe na impossibilidade de ser escrito. É um amor que ainda não foi alcançado pela escrita. É forte demais, mais forte do que essas pessoas. Não é nem um pouco organizado. Vive-se à noite, e na maioria das vezes durante o sono. Não, todo amor que começa, em geral, se organiza, mesmo em torno de um impedimento central para vivê-lo, ele se cria, desenvolve hábitos, costumes; as pessoas comem, dormem, transam, discutem, se reconciliam, tentam suicídio, sentem ternura uma pela outra às vezes, às vezes se separam, voltam, às vezes também falam de outras coisas, não choram o tempo todo. Aqui, eles não fazem nada, não fazem amor, esperam no escuro, às vezes ele quer matá-la. Eu acredito que ele deveria tê-la matado, que ele deveria ter conseguido, mas isso me pareceu uma solução um pouco forçada, prematura. Posso dizer que se trata de um amor absurdo sem sujeitos, como o sorriso de Alice é sem rosto através do espelho, mas isso seria abstrato, falso. Não, volto ao que estava dizendo, é um amor que já ama, que invade e que fica aquém de tudo o que poderíamos dizer por razões de ordem religiosa, e que, portanto, poderia estar próximo de uma necessidade de sofrimento, de uma razão obscura de ter que sofrer para lembrar de uma ausência sem imagem, sem rosto, sem voz, mas que carrega o corpo inteiro, como sob o efeito da música, em direção à emoção que acompanha a liberação de sabe-se lá que peso formal.

Sim, este livro é a história de um amor não confessado entre pessoas que são impedidas de dizer que se amam por uma força que desconhecem. E que se amam. Isso não está claro. Não pode ser declarado. Escapa o tempo todo. É impotente. E ainda assim está presente. Numa confusão que eles compartilham, que é própria deles, e que é a identidade de seu sentimento. Será que percebem algo do que está acontecendo entre eles e que os une? Eu não sei. Eles sabem mais do que os outros no sentido do silêncio a ser mantido sobre o amor, mas não sabem como vivê-lo. Vivem, em vez disso, outra história, como se fossem outras pessoas. Quando dizemos que as pessoas se amam, em geral elas vivem um amor de verdade. Aqui se trata de pessoas que não sabem se amar e que vivem um amor. Mas a palavra não vem à tona para ser dita, nem o desejo desce ao sexo para expressá-lo, para esvaziá-lo e poder depois conversar e beber álcool. Não. Apenas lágrimas.

Essas pessoas do livro, eu as conheço, não conheço a história delas, assim como não conheço minha própria história. Eu não tenho uma história. Da mesma forma que não tenho uma vida. Minha história é pulverizada a cada dia, a cada segundo de cada dia, pelo presente da vida, e não tenho nenhuma possibilidade de enxergar claramente o que alguns chamam de "minha vida". A única coisa que me agrega é o pensamento da morte ou o amor desse homem e do meu filho. Sempre vivi como se não tivesse a menor chance de me aproximar de qualquer modelo de existência que seja. Pergunto-me em que as pessoas se baseiam quando contam suas vidas. É verdade que existem muitos modelos de narrativas feitas a partir da cronologia, dos eventos externos. Geralmente seguimos esse modelo. Partimos do início da vida e seguimos os trilhos dos eventos, as guerras, as mudanças de endereço, os casamentos, descemos em direção ao presente.

Existem livros intangíveis, como *O verão de 80*, *O homem atlântico*, o vice-cônsul gritando nos jardins de Shalimar, a mendiga, o cheiro da lepra, *M.D.*,* *Lol V. Stein*, *O amante*, *A dor*, *A dor*, *A dor* e *O amante*, Hélène Lagonelle, os dormitórios, a luz do rio. A *Barragem* tornou-se intangível, os disfarces, a substituição de certos elementos pessoais por outros, que eram menos propensos à curiosidade do leitor e nos quais o risco de afastá-lo da narrativa que eu queria que lesse era menor, tudo se integrou à primeira história, que, por sua vez, desapareceu. Até *O amante*. Há, portanto, duas pequenas meninas e eu na minha vida. A da *Barragem*. A de *O amante*. E a das fotografias de família. Não consigo entender o que aconteceu durante a escrita deste último livro, durante aquele terrível verão de 86. Nesta história, deslocada, é claro, mas que foi vivida, é difícil descobrir a mentira, o lugar onde o livro mente, em qual plano, em qual advérbio. Pode ser que minta em apenas uma palavra. Não acredito que minta sobre o desejo. Deve sempre acontecer assim quando o homem é rejeitado pelo seu corpo. E ainda assim este livro conta a história que foi vivida. Eu o tornei um caso particular, e não um caso em questão. A hora de escrevê-lo talvez tivesse passado, eu precisava me lembrar de ter sofrido. O sofrimento permanecia,

---

* Yann Andréa, *M. D.*, Paris: Les Éditions de Minuit, 2000. [Ed. bras: *M.D.*, trad. Mirian Paglia Costa, São Paulo: Marco Zero, 1987.]

mas sempre igual. A emoção também. A emoção em *O amante* ou em *A dor* ainda está morna, pulsante. Ela ressoa nesses livros, a cada suspiro; as vozes também, eu as escuto. Aqui, não, não ouço nada, não vejo nada. Confundo-me com essas pessoas, e o que faço é contar uma história impossível como contaria uma história possível entre uma mulher e um homossexual, enquanto o que quero contar é uma história de amor que ainda é possível, mesmo quando se apresenta como impossível aos olhos das pessoas que estão longe da escrita – a escrita nunca estando afetada por esse tipo de possibilidade ou impossibilidade da história. Pode ser que eu tenha querido dizer exatamente isso que digo aqui e não tenha conseguido, ou seja, que não houve uma história de amor entre as pessoas, mas do amor. Que talvez o que eu queria dizer era que uma vez, nos confins da relação dos dois, numa certa noite, o amor se mostrou como um filete de luz na escuridão. Que uma vez, num certo momento, a história chegou até o amor.

    Se escrever algo falso, ainda que apenas ligeiramente falso, há um efeito tão forte em mim, é porque comigo isso deve acontecer raramente. É provável que eu ainda esteja muito sob o impacto da escrita deste livro para saber. Preciso voltar a ter sentimentos melhores em relação ao livro, não o tratar mais como um objeto cortante, hostil, uma arma voltada contra mim. O que aconteceu? É como se eu estivesse aprendendo que nem tudo pode se tornar escrita, que ela para, quer queiramos ou não, diante de portas fechadas enquanto eu acredito no contrário, que ela atravessa tudo, inclusive portas fechadas, não importa a razão. Há algo neste livro como um ensaio latente à maneira de Barthes, tenho ideias, consigo demonstrá-las e o romance é, às vezes, *justificado* como aqueles vencedores de prêmios literários. Em outras palavras, não consegui resolver isso. Inseri o mar no meio da história, um rio, mas não foi suficiente para tornar selvagem o amor, as pessoas, me dizia respeito demais. Se manteve distante. Eu não sei o que eu deveria ter feito. O que acontecia todos os dias não era o que se passava a cada dia. E acontece que o que não acontecia era o mais importante do dia. Era quando nada acontecia que dava mais o que pensar. Eu teria que entrar no livro com as minhas bagagens, com meu rosto devastado, minha idade, minha profissão, minha brutalidade, minha loucura, e você, você deveria permanecer da mesma forma no livro, com as suas bagagens, seu rosto suave, sua idade, sua ociosidade, sua brutalidade terrível, sua loucura, seu angelismo fabuloso. E isso não teria sido suficiente.

Nós ignoramos todos os compromissos, todos os "arranjos" habituais entre os gêneros, enfrentamos a impossibilidade desse amor, não recuamos, não escapamos, era um amor que vinha de muito longe, que não podíamos imaginar, era tão estranho, zombávamos, não o reconhecíamos e o vivemos como se apresentava, impossível, verdadeiramente, e sem intervir, sem fazer nada para sofrer menos, sem fugir dele, sem massacrá-lo e sem partir. E isso não foi suficiente.

No período que antecedeu a entrega do manuscrito, até o último dia, eu pensei que ainda poderia evitar entregá-lo para ser editado, mas naquele momento eu estava sozinha nesse pensamento, e era tarde demais, e afinal eles estavam certos em publicá-lo.

Quillebeuf

Eu te disse que Quillebeuf havia despertado o desejo de escrever. Na verdade, é o contrário. É porque eu tinha vontade de escrever que a história de Quillebeuf me prendeu tanto. Mas estou te falando sobre o exterior de um livro que ainda não foi feito. Escute: este livro, originado de Quillebeuf no terreno da minha mente, deveria anteceder esse terceiro livro que acabei de terminar. Agora é que eu deveria fazê-lo, se não tivesse perdido o manuscrito. Eu teria que fazer mais uma viagem a Trouville para descobrir onde eu posso tê-lo colocado.

O tempo passou.

As dez páginas perdidas foram encontradas nos rascunhos do livro que foi publicado.

Este novo livro foi concluído em março de 1987, entregue ao editor seis meses após *Olhos azuis*.

Há muito tempo que não gosto de um livro como gosto deste.

---

* Quillebeuf-sur-Seine é uma cidade portuária da região da Normandia e situada às margens do rio Sena. Aqui, Duras faz referência ao seu livro *Emily L.*, lançado em 1987. [Ed. bras.: *Emily L.*, trad. Vera Adami, Rio de Janeiro: Nova Fronteira, 2020.] (N.E.)

O homem que mente

Recentemente, tentei escrever um livro que deveria se chamar *O homem que mente*. Era sobre um homem que mentia. Ele mentia o tempo todo, para todos, sobre os eventos de sua vida. A mentira surgia em seus lábios antes mesmo das palavras para expressá-la. Ele não percebia. Não mentia sobre Baudelaire ou Joyce, tampouco para se vangloriar ou inventar aventuras que teria vivido. Não, nada disso. Ele mentia sobre o preço de um suéter, uma viagem de metrô, o horário de um filme, um encontro com um amigo, uma conversa repassada, um cardápio, uma viagem inteira, incluindo os nomes das cidades, sobre sua família, sua mãe, seus sobrinhos. Não tinha nenhum interesse especial. No início, era enlouquecedor. Depois de alguns meses, nos acostumávamos.

Esse homem era um escritor maravilhosamente talentoso. Era muito perspicaz, muito engraçado, muito, muito encantador. Também era um bom orador, de um talento raro. Um homem nascido na burguesia e com uma educação de príncipe. Criado por uma mãe solteira, como um rei deveria ser, sem que isso pesasse nada sobre sua naturalidade, seu charme.

Se falo dele dessa maneira quase irresistível é porque ele era um amante, o amante das mulheres. Tinha o dom de vê-las, de conhecê-las com um único olhar até o cerne de seus desejos. E de ser perturbado por eles, de uma forma que nunca vi. Era isso que eu queria destacar, por meio desse dom que ele tinha de "agarrá-las" e amá-las antes mesmo de conhecer sua beleza, sua voz.

As mulheres eram o principal na vida desse homem, e muitas mulheres sabiam disso desde o primeiro contato, desde o olhar dele. Esse homem olhava para uma mulher, e já era seu amante. No amor, ele era de uma brutalidade ao mesmo tempo controlada e selvagem, assustadora e educada.

Tentei várias vezes escrever sobre esse homem, mas vejam que, quando eu queria fazê-lo, a sua mentira escondia tudo dele, inclusive o rosto, o olhar. E eis que, de repente, pela primeira vez, foi possível.

Ele tinha alugado um apartamento só para si. Refugiou-se lá para escapar de qualquer controle, de seus amigos e de sua família. Queria ser jovem, eternamente sedutor, ter uma vida de jovem, almoçar um *croque monsieur*, jantar em restaurantes e ter mulheres, todas as mulheres, as francesas no inverno e as jovens inglesas na primavera. No verão, ia para Saint-Tropez. Seguia as mulheres por seus caminhos. Era assim em 1950. Ele havia decidido viver completamente sua paixão pelas mulheres, até a dor, o perigo, não importando a idade que tivesse alcançado. Queria ser devastado por elas, sem perder nada de si mesmo nas garras das mulheres. Comportando-se como seu próprio desejo. Aquelas que ele havia seduzido, mesmo que apenas uma vez, através de um olhar numa rua, o ser de seu sexo nunca mais esquecia. Quando estava dominado pelo desejo por uma mulher já escolhida por ele, vivia a predileção da paixão por ela. As outras mulheres deixavam de existir. Esses períodos de amor por uma única mulher tinham a intensidade de um amor divino. Nesses casos, ele não decidia nada. Não podia decidir sobre seu desejo por uma mulher, decidir por uma conduta prudente ou moderada em relação a ela. Só podia morrer de tanto desejá-la.

Era um homem magnífico, completo, em todos os sentidos da palavra, exausto de sempre morrer sem realmente morrer, esperando tanto pela morte quanto pela paixão. A única compreensão que ele tinha de si mesmo passava pelas mulheres. As mulheres o mergulhavam numa emoção trágica, incontrolável. Eu o vi em bares, à noite, empalidecer de repente com a aproximação de alguma delas, como se estivesse prestes a desmaiar. Enquanto a observava, ele esquecia todas as outras. Cada uma se apresentava a ele como a única e a última. E isso perdurou até a sua morte.

Essa morte ocorreu num dia de primavera em Étretat. Ele não morre dessa morte, desse impedimento abominável. De não poder tocar uma mulher por dois anos. Nem fumar. Nem amar. Nem beijar. Sua vida recomeça nessas condições. Mas o infarto foi muito grave. Morrerá disso dez anos depois.

Foi durante esses dois anos que ele continuou a escrever esse livro, iniciado muitos anos antes. Um livro de homem. Muito extenso, dos anos 1950. Com esse livro, recebeu o prêmio francês mais importante, o Médicis. Isso o deixou feliz.

A um amigo em comum, perto de sua morte, acredito, esse homem disse um dia que uma vez em sua vidas ele havia amado uma mulher de maneira duradoura. Que ele havia ficado vários anos sem traí-la, sem enganar uma mulher. E isso sem tê-lo decidido. Por quê? Ele não sabia. Uma só vez em sua vida uma duração tinha sido alcançada de forma exclusiva. Um amor. Por que isso tinha atingido essa intensidade com aquela mulher em vez de outra, ele não sabia.

Ele acreditava que não era por causa dele, mas provavelmente por ela. Que deveria ser sempre assim. Que era sempre a mulher, sempre, por meio do desejo dela, que deveria ser responsável pelo vínculo dos amantes. O amor, a história, tudo dependia da permanência do desejo da mulher. Quando o desejo da mulher cessava, o do homem também cessava. Ou, se não cessava, o homem se tornava miserável, envergonhado, mortalmente atingido, sozinho.

Ele acreditava que a mulher e o homem eram diferentes, mas de uma forma tão radical, em sua carne, seu desejo, sua forma, que poderiam ser considerados criações diferentes.

Ele morreu num quarto de hotel alugado por uma noite. Esse hotel é muito próximo do lugar onde eu moro. Dizem que ela era muito bonita, muito jovem, ruiva, de olhos verdes, como a mulher de seu romance, que ela acabara de se casar, que sempre o tinha rejeitado – até aquela noite.

Ela o espera. Ele chega atrasado. Ele leva o tempo necessário para aquilo. Fuma um cigarro. Há um ano ele voltou a fumar. Ele quer muito aquela mulher. Há meses que vem pedindo a ela para ir apenas uma vez com ele a um quarto de hotel. Ela cedeu. Ele está muito pálido. De uma emoção que ele mal pode conter. Desde o infarto, a cada nova mulher, ele tem medo de morrer. Sua morte dura um segundo. É uma morte súbita. Não dá tempo de ele dizer que a morte está ali. Ela contou isso depois. Num instante, ela reconheceu a morte pelo peso do corpo, ele já estava dentro dela. Ela soube no mesmo instante. Ela escapou do hotel. Ao passar pela recepção, ela disse que havia um morto no quarto tal, que era preciso avisar a polícia.*

A lembrança é muito precisa. Ele caminha por uma rua a passos largos, muito bem-vestido. Vemos de novo as cores, os sapatos ingleses com solado de ferro, um grande suéter cor

---

* Duras refere-se a Gérard Jarlot (1923-1966), jornalista e escritor, um dos seus grandes amores, parceiro em projetos cinematográficos e teatrais. (N.E.)

mostarda, calças de veludo marrom claro. Ele caminha muito bem, com uma regularidade notável, é todo pernas, o corpo leve o carrega na caminhada feliz, ele não o contém. Ele caminha. Ele observa. Seu olhar vago denuncia um meio-sono e, no entanto, ele observa – é assim que aparece quando seu nome é dito: ele observa, procura, se esconde atrás do próprio olhar. Ele observa as mulheres da Chanel presas ao tédio das tardes de inverno.

Uma vez, uma mulher muito jovem pediu para me ver para que eu lhe contasse sobre ele. Não era aquela do hotel. Ela mal tinha superado a tragédia que foi para ela a morte desse homem, procurava em todos os lugares alguém que fosse capaz de falar sobre ele de maneira satisfatória, com inteligência, profundidade, pureza. Eu não lhe disse nada, praticamente.

Nos conhecemos numa festa de Natal, à qual decidi ir sozinha para encontrar um amante, numa noite. Ele saiu da festa comigo e eu recuei, quis voltar. Tínhamos um amigo em comum, todo mundo se conhecia em Paris, como agora; ele ligou para esse amigo, sempre o mesmo, pediu a ele para me informar que ele me esperaria num café específico. Ele me esperou de cinco a seis horas por dia nesse café, sentado de frente para a rua, por oito dias. Eu resisti. Saía todos os dias, mas não ia àquele lado de Paris. Mas eu estava morrendo de vontade de viver um novo amor. No oitavo dia, entrei no café como quem vai para a forca.

As fotografias

É durante as mudanças que as fotos se perdem. Minha mãe fez entre 20 e 25 mudanças ao longo de sua vida, e foi aí que nossas fotos de família se perderam. As fotos escorregam para trás das gavetas e ficam lá, e, na melhor das hipóteses, as encontramos na próxima mudança. Após cem anos, elas se quebram como vidro. Já contei isso antes? Um dia, por volta dos anos 1950, encontrei sob a gaveta de um armário comprado na Indochina um cartão-postal datado de 1905, endereçado a alguém que morava na rua Saint-Benoît naquele ano. As fotos, sem as quais não podemos viver, já existiam na minha juventude. Para minha mãe, a foto de uma criança pequena era sagrada. Para ver novamente um filho quando pequeno, recorria-se à foto. Ainda fazemos isso. É misterioso. As únicas fotos de Yann que acho bonitas são as de dez anos atrás, quando eu não o conhecia. Nessas fotos, encontro o que procuro nele agora, a inocência de não saber nada ainda, de não saber o que nos aconteceria em setembro de 1980, para o bem ou para o mal.

No fim do século XIX, as pessoas iam ao estúdio do fotógrafo do vilarejo para serem fotografadas, como em *O amante*; os moradores de Vinh Long faziam isso para existir por mais tempo.

Não existem fotografias da sua bisavó. Você pode procurar no mundo todo, não há. Assim que pensamos nisso, a ausência da fotografia se torna uma falta essencial, um problema, até. Como viveram sem fotos? Não há nada que permaneça após a morte, nada do rosto e do corpo. Nenhum documento sobre o sorriso. E se tivessem dito às pessoas que a fotografia viria, elas teriam ficado chocadas, apavoradas. Eu acredito que, ao contrário do que as pessoas teriam pensado e do que ainda pensamos, a foto ajuda a esquecer. É essa sua função na verdade, no mundo moderno. O rosto fixo e plano, ao alcance da mão, de um morto ou de uma criança pequena, é sempre apenas uma imagem entre um milhão de imagens que temos na cabeça. E o filme de um milhão de imagens será sempre o mesmo. Isso confirma a morte. Não sei para que serviu a fotografia em seus primeiros anos, durante a primeira metade do século XIX, qual era o seu significado para o indivíduo, no âmago de sua solidão, se era para rever os mortos ou para ver a si mesmo. Ver a si mesmo, tenho certeza. Sempre ficamos ou confusos, ou maravilhados, sempre surpresos, diante de nossa própria foto. Sempre temos mais irrealidade do que o outro. É a nós mesmos que vemos menos na vida, inclusive nesta falsa perspectiva do espelho, em relação à imagem composta de si mesmo que queremos reter, a melhor, aquela do rosto blindado que tentamos recuperar quando posamos para a foto.

O cortador de água

Era um dia de verão, há alguns anos, numa aldeia no leste da França, talvez três ou quatro anos atrás, à tarde. Um funcionário da companhia de água veio cortar a água de umas pessoas que eram um pouco diferentes, um pouco à parte, meio devagar, digamos. Moravam numa estação de trem desativada (o TGV* passava pela região) que a prefeitura havia deixado para elas. O homem fazia pequenos trabalhos para os moradores do vilarejo. Deviam receber auxílios da prefeitura. Tinham dois filhos, um de quatro anos e outro de um ano e meio.

    Bem perto, na frente da casa deles, passava essa linha do TGV. Eram pessoas que não podiam pagar a conta de gás, nem de eletricidade ou de água. Viviam em grande pobreza. E um dia, um homem veio cortar a água na estação em que moravam. Ele viu a mulher, silenciosa. O marido não estava presente. A mulher, meio diferente, meio devagar, com uma criança de quatro anos e um bebê de um ano e meio. O funcionário era aparentemente um homem como os outros. Chamei a esse homem de o Cortador de Água. Ele viu que era pleno verão. Ele sabia que estava muito quente, estava vivendo o mesmo verão. Ele viu a criança de um ano e meio. Ele recebeu ordens para cortar a água, e assim o fez. Foi fiel ao cronograma: cortou a água. Deixou a mulher sem nenhuma água para banhar as crianças, para dar-lhes de beber.

---

*   O Train à Grande Vitesse (TGV) é um sistema de trens de alta velocidade. (N.E.)

Na mesma noite, essa mulher e seu marido pegaram os dois filhos e foram deitar-se nos trilhos do TGV que passava pela estação desativada. Morreram juntos. Cem metros para percorrer. Deitar-se. Manter as crianças quietas. Talvez fazê-las dormir com canções. Dizem que o trem parou.
É isso, essa é a história.

O funcionário falou. Ele disse que tinha ido cortar a água. Não disse que viu a criança, que a criança estava lá com a mãe. Disse que ela não reagiu, que não pediu para ele não cortar a água. Isso é o que se sabe.

Pego essa narrativa que acabei de fazer e de repente ouço minha voz. Ela não fez nada, não reagiu. É isso. Nos inteiramos disso pelo funcionário da companhia de água. Ele não tinha motivo para não o fazer, já que ela não pediu para ele não fazer. É isso que precisamos entender? É uma história de enlouquecer.

Eu continuo. Tento entender. Ela não disse ao funcionário da companhia de água que havia também as duas crianças, pois ele as via, as duas crianças, nem que o verão estava quente, pois ele estava lá, no verão quente. Ela deixou o Cortador de Água ir embora. Ficou sozinha com as crianças por um tempo e depois foi para o vilarejo. Foi até um bar que conhecia. Não sabemos o que ela disse à dona do bar. Eu não sei o que ela disse. Não sei se a dona falou algo. O que sabemos é que ela não falou sobre a morte. Talvez ela tenha contado a história, mas não disse que queria se matar, matar seus dois filhos, seu marido e a si mesma.

Os jornalistas, sem saber o que ela tinha dito à dona do bar, não relataram esse evento. Entendo como "evento" o momento no qual a mulher saiu de casa com seus dois filhos, depois de decidir pela morte de toda a família, por um motivo desconhecido, para fazer ou dizer algo que precisava fazer ou dizer antes de morrer.

Aqui, recupero o silêncio da história, entre o momento em que a água foi cortada e o momento em que ela voltou do bar. Ou seja, recupero a literatura, com seu silêncio profundo. É o que me faz avançar; é o que me faz penetrar na história, sem isso, permaneço do lado de fora. Ela poderia ter esperado seu marido e anunciado a notícia da morte que ela havia decidido. Mas não. Ela foi para o vilarejo, lá, para aquele bar.

Se essa mulher tivesse se explicado, não teria me interessado. Christine Villemin,* que não consegue articular duas frases, me fascina porque tem o que essa mulher também tem: a violência insondável. Há uma conduta instintiva que se pode tentar explorar, que se pode devolver ao silêncio. Devolver ao silêncio uma conduta masculina é muito mais difícil, muito mais falso, porque os homens não são o silêncio. Nos tempos antigos, nos tempos distantes, por milênios, as mulheres eram o próprio silêncio. Portanto, as mulheres são a própria literatura. Que escrevam sobre elas ou que sejam elas a escrever, são a literatura.

Então, essa mulher, que pensávamos que não falaria porque nunca falava, deve ter falado. Ela não deve ter falado sobre sua decisão. Não. Deve ter dito algo em vez de dizer isso, de dizer sua decisão e que, para ela, era equivalente e que permaneceria equivalente para todas as pessoas que conhecessem a história. Talvez tenha sido uma frase sobre o calor. Que teria se tornado sagrada.

---

* Christine Villemin, mãe de Gregory Villemin, assassinado aos quatro anos, em 1984. O caso se tornou um dos mais midiáticos e controversos da França. (N.E.)

Nesses momentos é que a linguagem atinge seu poder máximo. Seja o que ela tinha dito à dona do bar, suas palavras diziam tudo. Essas três palavras, as últimas antes da concretização da morte, eram equivalentes ao silêncio dessas pessoas durante suas vidas. Ninguém guardou essas palavras.

Isso acontece todos os dias na vida, no momento de uma partida, de uma morte, de um suicídio que as pessoas não suspeitam. As pessoas esquecem o que foi dito, o que veio antes e que deveria tê-las alertado.

Eles foram os quatro deitar-se nos trilhos do TGV em frente à estação, cada um com uma criança nos braços, e esperaram pelo trem. O Cortador de Água não teve nenhum aborrecimento.

Acrescento à história do Cortador de Água que essa mulher, que diziam ser "meio devagar", sabia, no entanto, algo de forma definitiva: que, assim como nunca pôde, nunca mais poderia contar com alguém para tirá-la de onde estava com sua família. Que estava abandonada por todos, por toda a sociedade, e que só lhe restava uma coisa a fazer: morrer. Ela sabia disso. É um conhecimento terrível, severo, muito profundo que ela tinha. Portanto, mesmo o atraso mental dessa mulher, a partir desse suicídio, seria necessário reconsiderar, se falássemos dela alguma vez, o que nunca faremos.

Aqui é provavelmente a última vez que sua memória é evocada. Eu ia dizer seu nome, mas não o conheço.
O caso foi encerrado.
Permanece na mente a sede fresca e viva de uma criança no verão muito quente, a algumas horas da morte, e o andar em círculos da jovem mãe meio devagar, esperando a hora.

Figon, Georges

Meu amigo Georges Figon* tinha trinta e cinco anos quando recebeu uma redução da pena. Entre os dezoito e os trinta e cinco anos, passou quatorze anos e sete meses na prisão. Há algo em sua história que nunca aceitarei, o seu fim, sua morte. Volto a falar disso aqui para dizê-lo. Quando Figon foi libertado, ficou feliz por algumas semanas. Tudo desmoronou de repente. Um dia, o tédio o atingiu e nunca mais o abandonou, não importava onde estivesse. Nada ajudava. E isso persistiu até sua morte, pois foi disso que morreu, foi morto pela polícia. Figon morreu de desespero porque compreendeu que a história de sua detenção, sua história da prisão, uma vez fora dela, não servia para nada; era impossível contá-la para pessoas que nunca tinham estado na prisão. Compreendeu que a prisão era também isso, essa despossessão. Fora de Fresnes, Figon mergulhou numa solidão definitiva. O ouvimos durante horas, dias, noites. Mas assim que nossa emoção passava, essa história que o assombrava deixava de ser parte de nós, e ele sabia disso. Por quê? Provavelmente porque entre aquele que viveu a experiência contada e aquele que ouve, são necessários pontos de existência comum, como

---

* Georges Figon (1934-1968) foi uma figura central no caso Affaire Ben Barka, escândalo político ocorrido em 1965, relacionado ao desaparecimento do líder opositor marroquino Mehdi Ben Barka, político e ativista de esquerda, conhecido por suas críticas ao regime do rei Hassan II, do Marrocos. (N.E.)

o trabalho, a profissão, a moral, filiação política, etc. Se Figon tivesse escrito um livro sobre a prisão, seus leitores teriam sido os prisioneiros das prisões que ele conhecia. Entre a prisão e a vida livre, por mais relativa que seja, não há nada em comum, nenhuma semelhança, nem de longe. Até o sono é diferente, a leitura é diferente. Se Figon foi feliz, foi na prisão, quando era bibliotecário e planejava um livro sobre a prisão como um assalto. Para ele, este livro mudaria a sociedade. Figon falhou, e isso o matou. Morreu por não ter conseguido transmitir aos outros seu conhecimento sobre a prisão. Figon descrevia a vida cotidiana das pessoas presas com uma precisão impressionante; conhecia todo o pessoal penitenciário de todas as prisões por onde passou, indivíduo por indivíduo, o *curriculum vitae* de todo o sistema judicial francês, do juiz ao procurador. Isso não serviu de nada. O mal veio também, sem dúvida, da fidelidade de Figon ao evento, da pureza de Figon. Ele se afundou, se perdeu na veracidade dos fatos, no atoleiro da realidade. Se Figon tivesse esquecido, reinventado e, acima de tudo, despersonalizado sua experiência, talvez não teria morrido desesperado. Deveria ter trapaceado, ter refeito para os outros tudo o que ele mesmo tinha sofrido. O cotidiano de sua vida livre era um retorno ao cotidiano de sua vida na prisão. Ele tinha medo de esquecer. Certamente, há um rito de passagem na prisão sem medida comparável ao que é proposto a nós, "pessoas honestas". Lembro-me de detalhes. Cada reivindicação, mesmo insignificante, era obtida por gritos, por ameaças, com tempo. Isso foi há trinta anos; não havia televisão nas prisões, nem rádio, acredito que apenas os cigarros podiam ser negociados. Isso é tudo.

Volto ao meu texto após a revisão. Quando digo que Figon nunca foi tão feliz quanto na prisão, deveria acrescentar que era essa mesma felicidade que ele esperava quando fosse livre. Ele viveu sua liberdade na prisão de Fresnes. Sem a prisão ao seu redor para viver a felicidade de ser livre, essa felicidade desaparecia. É provável que seja sempre assim.

A esposa de Walesa

Vejo os jornalistas como se fossem manuais da palavra, operários da palavra. O jornalismo só se assemelha à literatura quando é exercido de maneira apaixonada. Os artigos de Cournot* já fazem parte de um livro maravilhoso sobre teatro. Algumas vezes, de repente, num jornal, surge um texto, principalmente nas crônicas judiciais ou nos cadernos de cotidiano. Surge Serge Daney,* talvez mais ainda sobre o tênis, e se torna um escritor. Serge July* também, sobretudo quando escreve rapidamente, é um escritor. André Fontaine* também.

Godard tomou a palavra uma vez no *Sept sur Sept*** para expressar o que pensava sobre os jornalistas da televisão. É bom lembrar: foi durante o Nobel de Walesa.*** Sua esposa foi receber o prêmio no lugar dele, já que o governo polonês o proibira de ir a

---

* Michel Cournot (1922-2007), jornalista, escritor, roteirista e diretor de cinema francês; Serge Daney (1944-1992), crítico de cinema francês; Serge July (1942), jornalista francês, cofundador e diretor do jornal *Libération;* André Fontaine (1921-2013), jornalista e escritor francês, diretor de redação do jornal *Le Monde*, de 1971 a 1985. (N.E.)

** *Sept sur Sept* foi um programa de televisão francês de entrevistas e debates transmitido pela rede de televisão TF1 de 1981 a 1997, criado e apresentado pelo jornalista Anne Sinclair. (N.E.)

*** Lech Walesa (1943), líder do movimento sindical polonês Solidarność [Solidariedade], laureado com o Prêmio Nobel da Paz em 1983. (N.E.)

Estocolmo. Quanto a isso, Godard disse aos jornalistas: "Quando a esposa de Walesa foi receber o prêmio, ela estava no centro da cena e, pela primeira vez em muito tempo, vocês, jornalistas de televisão, tinham uma mulher muito bonita na tela, de maneira completamente inesperada, e vocês não se aproximaram. E por que não se aproximaram? Nem mesmo vocês sabem. Eu diria que justamente porque ela era bonita, talvez." Godard acrescentou: "Porque ela não era uma modelo nem uma atriz, cuja profissão é se mostrar."

Godard disse o que precisava ser dito.

Foi maravilhosa a ideia dessa jovem polonesa que foi buscar o prêmio no lugar do marido. Na verdade, o tédio foi mortal. Durante toda a cerimônia, esperava-se ver essa mulher de perto. Nunca aconteceu. É estranho a esse ponto. Como se certas distâncias focais, certos ângulos, fossem proibidos no jornalismo. Como se o jornalismo só pudesse ser perdedor, infeliz, que só pudesse acontecer a partir dessa contenção: não mostrar a esposa de Walesa senão no princípio de sua presença, não mostrar sua beleza.

Uma informação verdadeira teria mostrado essa mulher, porque a esposa de Walesa era a mulher que ele amava, era mais do que Walesa. Sua esposa era, naquele dia, a parte que permitia ascender ao todo, ao fato inteiro do qual ela não estava separada. Como uma floresta não poderia ser separada da passagem de alguém que a tivesse atravessado antes de ser morto, como um vestido, uma cabeleira, uma carta, uma impressão no fundo de uma caverna, uma voz numa rede telefônica. Uma informação verdadeira é ao mesmo tempo subjetiva e tangível, é uma imagem dada, escrita ou oral, sempre indireta.

Às vezes penso que o jornalismo tendencioso, manchado como tal, é o melhor jornalismo. Ele ao menos restaura a ignorância, faz duvidar da versão do evento. Nós o acessamos, então, para corrigi-lo. Podemos nos apropriar dele. É triste o que estou dizendo, todo esse desacerto que se infiltrou na televisão para não ver Estocolmo e o cavalinho polonês. A esposa de Walesa.

A televisão e a morte

Começou com a morte de Michel Foucault; Michel Foucault morreu e na televisão, no dia seguinte à sua morte, vimos uma reportagem em que ele aparecia dando uma aula no Collège de France. Mal se podia ouvir sua voz, apenas um chiado distante. Estava lá, mas coberta pela voz do jornalista, o qual dizia que aquela era a voz de Michel Foucault dando sua aula no Collège de France. E pouco tempo depois, Orson Welles morreu e foi a mesma coisa. Ouvia-se uma voz bem clara dizendo que aquela voz inaudível e distante era a de Orson Welles, que acabara de morrer. Tornou-se a norma: a cada morte de uma figura importante, a imagem falante do falecido era sobreposta pela do jornalista que afirmava que o que se ouve é certamente a voz de fulano ou beltrano que acabou de morrer. Sem dúvida, foi algum dos chefes que descobriu isso, que se o jornalista e o falecido falassem juntos, economizariam um minuto de tempo de transmissão para falar depois não necessariamente sobre esportes, mas sobre outras coisas, coisas diferentes, divertidas, interessantes.

Na França, não temos nenhum meio de alcançar os jornalistas da televisão para dizer a eles que não deveriam passar do momento exato do sorriso lúgubre que ostentam com os reféns ao sorriso alegre com a previsão do tempo. Não podemos. Pode-se sempre fazer diferente, por exemplo, adotar uma postura entre duas posturas, uma postura de nada. Também não se pode transformar toda informação num evento insólito, mesmo que seja uma exigência dos chefes. Isso serve para a obrigação de estar de bom humor. É preciso abandoná-la para anunciar terremotos, ataques no Líbano, a morte de pessoas famosas, acidentes de ônibus, e você vai tão rapidamente para a informação cômica que já está rindo do acidente de ônibus. Daí, você está arruinado. Não dorme mais à noite. Não sabe mais o que está falando. Isso faz dos telejornais uma comédia do início ao fim, e faz de você um depressivo.

Geralmente, para além dos grandes eventos pontuais como a morte de pessoas famosas, o Nobel, as votações no Parlamento, nada acontece na televisão. Ninguém fala na televisão. Falar por falar. Ou seja, a partir de qualquer coisa, um cachorro atropelado, reativar o imaginário do homem, a sua leitura criadora do universo, esse estranho gênio, tão difundido – tudo isso a partir de um cachorro atropelado. Falar é algo diferente do que acontece na televisão. Deve-se dizer que nós, clientes, compradores de televisores e, portanto, contribuintes, esperamos muito pelos lapsos e outros acidentes da TV, sejam quais forem, de membros do governo ou de jornalistas com salários mensais de dez milhões. Chirac dizendo na inauguração do Salão do Livro em 1984 que lia poesia porque a poesia é curta e, portanto, é a mais indicada para alguém que voa frequentemente, ou o sujeito que anuncia que o programa Télé--Noir será transmitido à tal hora, isso é o que preferimos. Sobre *Hiroshima, meu amor*, escutei assim na televisão: o famoso filme de Alain René e Jacqueline Duval.[*] Ouvi também: *A amante inglesa*, interpretada pela famosa atriz Madeleine Barrault.[**] Uma jovem moça tímida que havia acabado de ser contratada na televisão.

---

[*] Aqui, Duras se refere ao erro do nome do diretor Alain Resnais. Além disso, Jacqueline não dirigiu o filme, mas o estrelou. (N.E.)

[**] Aqui, igualmente, a autora indica erro, pois trata-se da atriz francesa Madeleine Renaud. (N.E.)

Talvez, se ouvíssemos o tempo todo uma linguagem real, falada por pessoas sem um papel a desempenhar, que falassem entre si sobre os eventos atuais, não conseguiríamos mais suportá-las na televisão. Elas não seriam suficientemente deslocadas nem exteriores, seriam reais demais. Ficamos na frente da televisão porque lá estão mentindo, obrigatoriamente, da forma ao conteúdo. Quando os jornalistas dizem exatamente o que esperamos, como na greve miraculosa dos estudantes em dezembro de 1986, temernos pelos jornalistas. Queremos abraçá-los, escrever para eles. Sua entrega os uniu à greve, os tornou um só com ela. Isso quase nunca acontece. Aconteceu na França em dezembro de 1986. Paris inteira falava disso, tanto quanto da greve. Aqueles jornais eram realmente uma festa, até Pasqua e Pandraud* soltarem seus cães.

---

* Charles Pasqua (1927-2015) e Jean-Pierre Pandraud (1934-2012) foram políticos conservadores, que trabalhavam juntos no governo francês em 1986. Pasqua, à frente do Ministério do Interior, e Pandrau, como ministro da segurança pública, comandavam uma política bastante repressiva. (N.E.)

Palavras de sorte

Minha mãe tinha medo das pessoas que ocupavam cargos públicos – funcionários, tesoureiros, oficiais de justiça, funcionários da alfândega, todos aqueles cuja função era fazer cumprir a lei. Sempre infratora, com sua mentalidade incurável de pobre. Nunca se livrou completamente disso. Superei esse medo da minha mãe com as provas orais dos exames. Após cada prova oral bem-sucedida, sentia que estava progredindo em relação à pobreza endêmica da família. Palavras de sorte. Era como se fosse um confronto entre meu corpo e o corpo social que estava lá para me derrotar. Os cantores e os atores devem viver a mesma experiência com o público. As pessoas que pagam para te ouvir cantar ou falar são inimigos que você precisa conquistar para poder viver. Quando você enfim consegue dominar a palavra, levar a plateia consigo, passa a acontecer sempre. Você finge que é um dever não decepcionar aqueles que se deslocaram para te ouvir. Mas é um pouco mais que isso, transborda um pouco para o assassinato daquele que veio te julgar.

O bife verde

Não, eu nunca tive medo de desagradá-los. Enquanto ao meu redor todos têm esse medo, de desapontá-los, eu, pelo contrário, quero desagradá-los, que saibam que nem todos estão à mercê deles. Quando compramos um bife e eles insistem em mostrar o "lado bom do bife", o lado vermelho, eu peço a eles: "Por favor, mostrem-me o outro lado." Eles respondem: "Vou mostrar o outro lado deste outro, é o mesmo pedaço", e abandonam o primeiro pedaço, apoiado pelo lado que não se pode ver. Um dia eu saí do hospital – sempre as crises de enfisema – e pedi a Yann para me comprar um pedaço de filé, queria comer carne. Yann não ousa dizer nada aos comerciantes, se submeteria a qualquer coisa que lhe fizessem, até envenenamento. Naquele dia, ele voltou com um filé que estava verde. Era uma carne verde. Peguei o filé, mostrei a ele. Perguntei: "Você não disse nada?" Ele disse: "Não, não tive coragem." Chorei. Não pude evitar. Disse a ele: "Escute bem, é minha primeira refeição, acabei de sair do hospital, você poderia ter jogado isso fora, ter comprado outro para mim." Ele disse: "Não pensei." Não chorei mais. Peguei o filé e joguei no lixo. Estava roxa de raiva. O filé, verde, eu, roxa. Quando ele voltou para comer comigo, peguei o filé da lixeira e coloquei no prato dele. Ele chegou, viu o filé verde, deu um grito de horror e o jogou no lixo para sempre. Nunca mais voltamos a vê-lo numa mesa.

Também tenho outro hábito, já que estamos falando de maneiras habituais de se comportar. É falar com meus vizinhos, especialmente no avião. Falo para que me respondam. Se me respondem, é porque estão tranquilos, então eu também fico tranquila. Falo sobre a paisagem ou sobre viagens em geral, incluindo as de avião. No trem, falo para conversar com desconhecidos, falo sobre o que vemos, sobre a paisagem, sobre o tempo. Muitas vezes tenho esse desejo intenso, muito forte, de falar.

Uma vez, no avião, encontrei um senhor que não respondia a nenhuma pergunta, nada. Desisti. Pensei comigo que ele não ia com a minha cara. Não me ocorreu que ele não me conhecesse. E, quando ele partiu, me disse "Adeus, Marguerite Duras." Então foi isso mesmo, ele não quis falar comigo.

Você não quer?

Sobre o que já falei, ou seja, os desejos sexuais que os escritores, mesmo os de 70 anos, podem despertar, gostaria de contar o seguinte: dois ou três anos atrás, recebi uma carta de um homem dizendo algo como "Vou fazer amor com você na segunda-feira, 23 de janeiro, às 9 horas da manhã." Pensei: um maluco. Esqueci. E na segunda-feira, 23 de janeiro, às 9 horas da manhã, a campainha toca. Quem é? Alguém diz: "Sou eu. Pode abrir, sou eu que escrevi que..." Eu digo: "Você está de brincadeira?". Ele responde: "Você não quer?". Eu digo: "É isso, eu não quero." Ele não disse mais nada. Deitou-se na frente da minha porta. Ficou lá a manhã toda. Liguei para os inquilinos, somos muito solidários e eles sabem que às vezes passo por uns apuros. Eles vinham e diziam ao rapaz: "Olha, nós a conhecemos, ela nunca vai abrir." Ele dizia algo encantador, como "Pelo menos aqui estou perto dela, estou bem." Não pude sair de casa até o início da tarde. Ele foi embora sem se despedir.

Abro o jogo: se outra pessoa que não eu tivesse escrito *Lol V. Stein*, não sei se aceitaria facilmente. E *O vice-cônsul*. E *A dor*. E *O homem atlântico*. Ou então eu pararia de escrever ou faria como Rinaldi.* Quem sabe?

---

*   Angelo Rinaldi (1940) é um escritor e crítico literário francês. (N.E.)

Em Sartre, quase não penso na maior parte do tempo. Quando penso, não consigo evitar relacioná-lo a Soljenitsyne.* Um Soljenitsyne de um país sem *gulag*. Ele aparece sozinho, num deserto construído por ele. Numa espécie de exílio. Gostaria muito que Conrad existisse agora. Um novo Conrad a cada ano, que felicidade.

Nos últimos anos, a loucura, para mim, não foi por Proust, foi por Musil, especialmente *O homem sem qualidades*,** o último volume. Hoje, 20 de setembro, se eu tivesse que dizer, diria que os autores que li com paixão nesses últimos anos foram Ségalen e Musil. Mas hoje, 20 de setembro, o que li de mais belo em anos, de mais comovente, são os escritos de Matisse sobre a Dança da Fundação Barnes em *Escritos a propósito da arte*, organizados pelo poeta Dominique Fourcade, pela Hermann. No momento estou lendo Renan, *A vida de Jesus Cristo*, e relendo a Bíblia, e entre essas leituras o maravilhoso diálogo de *A mãe e a Puta*, de Jean Eustache.*** Meus livros são difíceis, é isso que você quer saber? Sim, são difíceis. E fáceis. *O amante* é muito difícil. *A doença da morte* é difícil, muito difícil. *O homem atlântico* é muito difícil, mas é tão bonito que não é difícil. Mesmo que não se compreenda. Na verdade, não se pode compreender esses livros. Compreender não é a palavra. Trata-se de uma relação privada entre o livro e o leitor. Nos queixamos e choramos, juntos.

---

* Alexander Issaievich Soljenítsin (1918-2008) foi um escritor russo, conhecido especialmente pelo livro *Arquipélago Gulag*, que expôs as atrocidades dos campos de trabalho forçado da União Soviética.

** Robert Musil, *O homem sem qualidades*, trad. Lya Luft e Carlos Abbenseth, Rio de Janeiro: Nova Fronteira, 2021.

*** Jean Eustache, diretor do filme *A mãe e a puta* (*La Maman et la Putain*), de 1972.

As torres de vigia de Poissy*

Quando escrevo em Paris, sinto falta do exterior, de sair. Ao meu redor, ninguém pode supor o quanto me sinto privada disso. Lá fora, não consigo escrever. A mesma necessidade que tenho de lugares para não escrever, tenho de lugares para escrever. Em Paris, sair é difícil para mim. Sozinha não consigo sair, é impossível. Lá fora, não consigo caminhar por muito tempo. Lá fora, minha respiração fica difícil. Nos corredores internos do hotel Roches Noires, escuros e vazios, respiro bem e caminho bem. Há vinte anos, dizem que o que tenho é um enfisema. Às vezes acredito, frequentemente acredito, às vezes não. As crises acontecem sempre que saio do meu apartamento, já no corredor do prédio. Quando saio do meu prédio, é algo diferente, como se entrasse num exterior cortado com uma navalha. Como se estivesse "entrando" *na* rua. Como se a rua fosse violentamente iluminada, como se fosse uma enorme jaula que seria o exterior, e também prenderia. Se parece, na minha cabeça, com essas superfícies iluminadas pelas torres de vigia das prisões, especialmente pelas da antiga prisão de Poissy, diante da qual passei muitas vezes.

---

* A Prisão de Poissy, localizada na cidade de Poissy, nos arredores de Paris, foi construída no fim do século XIX como uma prisão comum e passou por várias transformações ao longo dos anos. Em 1934, foi convertida em uma prisão psiquiátrica e, mais tarde, durante a Segunda Guerra Mundial, serviu como centro de detenção para prisioneiros políticos. Após a guerra, retomou sua função como uma instituição penal regular. (N.E.)

Superfícies uniformemente iluminadas sem nenhuma sombra, onde o corpo é proibido de permanecer. Estou disposta a aceitar que o que tenho é um enfisema. Assim que chego ao meu carro, depois de fechar a porta, estou a salvo. E do que me salvei? Me salvei de VOCÊS, de vocês para quem escrevo, de vocês que me reconhecem em qualquer lugar que vou, até mesmo nas ruas. Não consigo me curar do pavor que sinto quando entro nesse espaço de execução, aberto, ensolarado e público, quando estou imersa nele; refiro-me à rua, às faixas de pedestres, às praças, à cidade. As pessoas que saem de casa para passear, que olham e flanam, isso acabou completamente para mim há muitos e muitos anos. Nunca serei mais como essas pessoas, vocês. Ainda assim, encontrei o carro. Enquanto eu tiver o carro, viverei. Enquanto puder passear de carro, enquanto puder olhar para o Sena, para a Normandia, viverei. Depois, não sei. Quando as pessoas não quiserem mais sair de carro comigo, não sei o que farei. Em outubro deste ano, fui a Paris e voltei no dia seguinte, sem ninguém comigo. Não é que dirigir me canse, mas dirigir por muito tempo sem ninguém é difícil para mim. Não consigo falar sozinha, nem mesmo uma vez, em quinhentos quilômetros. Prefiro ficar trancada no apartamento a dirigir sozinha por longas distâncias. Também não consigo descer ao estacionamento para pegar o carro nem estaciná-lo. Tenho pânico de estacionamentos. Da mesma forma, se alguém me olhar, se me reconhecer, não consigo mais dirigir. É o álcool. A cura, terrível. "Às vezes você vai atravessar estados que reconhecerá, como se tivesse bebido. E isso passará", disse meu médico. É isso.

Na estrada, estou segura, dirijo rápido e bem.

Meu filho, que está aqui em Trouville por alguns dias, acabou de me dizer: "Você ocupou todas as mesas do apartamento de novo". É verdade. Quando não quiserem mais passear de carro comigo, quando não quiserem mais que eu ocupe todas as mesas do apartamento, não sei o que farei. Sei que esse momento chegará, é inevitável. Que certamente já está aqui, começou.

Em Trouville, está o mar. Dia e noite, mesmo que não o vejamos, a ideia está aqui. Em Paris, apenas os dias de vento e tempestade nos conectam ao mar. Caso contrário, estamos sem ele.
Aqui, estamos imersos na mesma paisagem.
Além de cada colina, há esse grande vazio ao longe. No lugar onde ele está, o céu é diferente, mais profundo, mais iluminado, poderíamos dizer mais sonoro. E é verdade, as gaivotas fazem menos barulho na cidade do que sobre a água, nas praias.
Em Trouville, suporto a vida. Em Paris, não. Devo dizer, não suporto por conta desses espaços ameaçadores, dessas ruas abertas e dessas pessoas que tocam a campainha na minha casa, que vêm de longe, da Alemanha, muitas vezes da Alemanha, e tocam, e que vêm me ver.
"Do que se trata?
— Queremos ver a senhora Duras."
Eles querem falar comigo, sobre mim, como se meu tempo fosse deles, como se fosse minha função entretê-los sobre mim. Essas pessoas são vocês, vocês que amo e para quem escrevo.
São vocês que me dão medo, e são vocês que às vezes são tão aterrorizantes quanto bandidos.

Mare Nostrum

Neste momento, estão demolindo na minha rua uma grande gráfica que foi construída no século XIX, a do *Journal Officiel*. Como a fachada é classificada como monumento histórico, estão derrubando todas as paredes internas. Peço desculpas pelo barulho que se ouve no livro, o das britadeiras e, principalmente, o dos grandes volumes de pedra sendo lançados nas paredes internas para derrubá-las, e o dos gritos dos operários árabes que esvaziam o local de qualquer vida humana antes de lançar as pedras presas às suas correntes em direção às paredes. Será um hotel três estrelas. O nome está errado, "Latitudes" – como no mar Mediterrâneo. Todos os tipógrafos se foram. Não ouviremos mais o magnífico, potente e suave, inofensivo som das grandes prensas todas as manhãs e em algumas noites, durante as sessões extraordinárias do Parlamento. Vão adicionar mais dois andares. A gráfica não subia até o nosso andar, parava no segundo. Do quarto de Yann, através da abertura de um pátio, podíamos ver a hora no campanário de Saint-Germain-des-Prés. Acabou. Desde sexta-feira, 18 de dezembro de 1986, às 11h55, uma parede de cimento esconde a abertura para o relógio. O hotel ocupará metade do quarteirão Saint-Benoît Bonaparte. O estilo da fachada lembra o das grandes lojas em Broadway, no centro. Há colunas de bronze estriadas e anjos encantadores. O hotel abrirá na primavera de 87. Trezentos quartos. Três estrelas. Com o nome "Latitudes". Por que não "Mare Nostrum"? É possível farejar a enorme falta de cultura da promoção imobiliária. Estão no coração do 6º *arrondissement* e nomeiam o hotel como um palácio barato do Languedoc francês. É a Bouygues que está fazendo isso. É impronunciável e sem sentido, poderíamos pensar que tem algum, mas não. Por cinquenta anos fizeram cimento e, de repente, um hotel. Pobre Bouygues.

Paris

Aqui, é o mar que protege do sufocamento, de ser enterrado pela cidade. Aqui, Paris se revela como um erro, um estado inadmissível da cidade. É lá, em Paris, que se encontra o mercado da morte, da droga, do sexo. Lá assassinam senhoras idosas. Lá incendeiam os prédios dormitórios dos negros, seis em dois anos. Lá existe todo um pessoal automobilístico, que são mal-educados dirigindo seus carros, grosseiros, ofensivos, que assassinam com seus carros: são os novos ricos dos circuitos financeiros da heroína, os CEOs da morte. Dirigem Volvos e BMWs. Antes, essas marcas representavam a elegância em suas consequências ocultas, a elegância dos sapatos, do perfume, da voz e da fala polida a quem quer que seja. Era, se quisermos, o esnobismo da discrição. Agora, não temos mais vontade de comprá-las. Paris, a cidade, a medina. Nos perdemos nela. O lugar mais seguro para proteger o crime, para apagá-lo, absorvê-lo: a molécula de doze milhões de habitantes. Um crime como o de anteontem, o de Georges Besse,[*] só pode ser concebido em Paris, dentro das áreas de proteção, dos muros de concreto humano. Seus muros são sua desordem. É a desordem que sela, de anel em anel, suas

---

[*] Duras refere-se a Georges Besse (1927-1986), empresário francês conhecido por sua carreira na indústria automobilística. No entanto, sua atuação foi marcada por controvérsias e conflitos com sindicatos de trabalhadores devido a demissões em massa e fechamento de fábricas. Foi assassinado em 17 de novembro de 1986, em Paris, por membros do grupo armado Action Directe. (N.E.)

sucessivas periferias. Chegou a isso em vinte anos. As redes de autoestradas atravessam essa desordem e a servem, chegando aos aeroportos internacionais. Não há mapas rodoviários da periferia, são impossíveis, está acabado. Exceto pelas grandes vias, desistimos disso. Em Paris, as florestas têm má fama. O Bois de Boulogne pertence à polícia e às prostitutas à noite, e, durante o dia, aos traficantes. Então, o que resta para nós, "gente honesta"? É em Paris que os estrangeiros são mais mal-recebidos. É lá que se come pior na França. O 6º *arrondissement*, essa encantadora plataforma da cultura francesa visitada por intelectuais do mundo todo, é conhecido por ser um dos lugares onde se come mal. Como em todos os lugares turísticos, a culinária do 6º *arrondissement* é industrializada, com duas ou três exceções, como o bar Lipp ou o Le Petit Saint-Benoît. Nem vamos falar dos restaurantes asiáticos, do patê *miau*, não diremos nada, absolutamente nada sobre os gatinhos asiáticos, pobres criaturas, mas não diremos nada. Em Paris é onde há mais cachorros. Mas os cachorros não são realmente um problema, dado que não os comemos. Algo aconteceu com aquela cidade. O quê? O automóvel, talvez? Tendo a acreditar nisso. Ou então é o fato de se trabalhar mal na escola que se estendeu à vida, alcançando agora várias gerações. Talvez tenhamos estudado mal, entendido cada vez menos, e, eventualmente, não entendemos mais nada, absolutamente nada. E depois vivemos mal. E então fugimos. Não acreditamos na escola, nem na escola pequena, nem na grande. Nos comportamos mal. Perdemos toda a educação, toda a polidez, toda a finesse, todo o espírito, resta apenas a inteligência nos negócios.

Há cerca de uma década, a periferia de Paris contava com doze milhões de habitantes, agora, faz muito tempo que não vejo números oficiais, talvez já não seja possível contar os habitantes da grande periferia. Talvez seja uma população oscilante que vive escondida e não em residências. Entre drogas, roubo e terrorismo, devem ter o número equivalente à população de uma cidade provincial. O maior número corresponde a pessoas sem profissão, sem emprego, sem moradia, sem família alguma, sem documentos, que ninguém assume com medo dos antecedentes, que são abandonadas, perdidas como as crianças do México. Sem outra alimentação além do roubo de comida nos supermercados, sem outra fonte de recursos além do roubo para roupas, sapatos, e contando com a solidariedade para cafés e cigarros. Essas pessoas já têm uma cor de pele que pertence apenas a elas, digamos que é *a cor mestiça*, sem especificações sobre os componentes raciais dos quais resulta, cabelos pretos encaracolados, olhos pretos. Grandes e bonitos, formam o primeiro pelotão das grandes ondas de desemprego que estão por vir (anunciados em *Os olhos verdes*). Pessoas que estão aqui. Os estagnados. Que não fazem nada. Apenas existem. E observam. Podemos vê-los plantados nas entradas da Darty, nos metrôs e estações, nos shoppings de Créteil-Soleil.

Paris não pode mais se mover. Não pode mais fluir para fora a uma velocidade normal. Paris já não tem o mesmo significado de antes, as pessoas vêm, assim acreditam, para estar mais próximos do significado, daquele que se acredita encontrar numa capital, feito do essencial de todo conhecimento, desde a arte de construir, escrever, pintar, até a política. Pergunte a um morador da periferia, ele dirá "Antes, morava entre Chartres, Rambouillet e depois, com o tempo, me entediei e vim para Paris, para *estar mais perto*." Apenas para isso. Mais perto de quê, ele não sabe dizer. Esse não saber dizer, que permanece não elucidado na maioria das vezes, talvez seja o que mais se aproxima do sentido da vida, em todas as acepções do termo. As pessoas sobem para Paris, para a capital, para dar à sua vida um sentido de pertencimento, de obediência social, quase mítico. Uma vez ultrapassadas as portas de Paris em direção ao norte, rapidamente se chega aos lugares onde a luz titubeia, que vão de Saint-Denis a Courneuve, e depois a Sarcelles. No sul, graças a essa miraculosa enclave do castelo de Versailles, os campos chegam mais rápido, as florestas, as estradas livres, as praças de vila. Mas o significado pleno, principal, continua sendo Paris.

Quem poderá descrever adequadamente a beleza de Paris em todas as estações, nos domingos de verão, nas noites de inverno quando as ruas se tornam selvagens, como estradas. Nenhuma cidade no mundo é construída como ela, com esse espantoso luxo de espaços claros. Uma parte inteira é equivalente a Versalhes na distribuição dos monumentos. É no verão que o rio aparece em toda a sua beleza, com suas sombras, seus jardins, as grandes avenidas que dele partem ou que o acompanham, as encostas das suaves colinas que se elevam de todos os lados, de l'Étoile, de Montparnasse, de Montmartre, de Belleville. A área plana da cidade está no trecho do Louvre à Concorde. E nas ilhas.

O sofá vermelho

Entrei neste apartamento em abril de 1942 e agora estamos em fevereiro de 1987. Em breve, vão fazer quarenta e cinco anos que moro aqui. Dormi em três dos cinco cômodos desse apartamento durante esta longa estadia. Quando meu filho era pequeno, deixei para ele o que é agora meu quarto, para que ele tivesse mais espaço. Uma vez, no quarto que dá para o pátio e que havia sido usado durante a guerra para armazenar carvão racionado, aquele dos tíquetes, fiz também uma descoberta, é verdade, mas durante o dia e sozinha. Foi no fundo de um armário construído sobre o próprio piso do quarto. As tábuas do piso estavam soltas, eu as juntei novamente. Uma delas não estava mais segura, e foi sob ela que encontrei grampos de cabelo feitos de carapaça de animal e um pente de piolhos feito à mão num osso, tão branco quanto cal. Os dentes desse pente eram tão finos quanto os fios de uma tela de linho. Na base desses dentes, havia sombras minúsculas, lêndeas, talvez, ou piolhos, pegos. Fora isso, nada mudou no apartamento desde que o aluguei, estático, muito imóvel, na rua Saint-Benoît. Mudou apenas uma vez em quarenta e dois anos, por cerca de quinze dias (depois da minha reabilitação antialcoólica). Para mim, foi como se tivesse girado em torno de um eixo central. As janelas se moveram, a direção das paredes também. Não era mais exatamente o mesmo apartamento, ou melhor, era o mesmo apartamento, que havia girado sobre si mesmo. Mas o que é notável é a lógica, a precisão matemática desse deslocamento na visão. Todas as janelas e portas tinham girado na medida certa, nos ângulos necessários para que tudo fosse igual e diferente em relação ao eixo central. Nenhum dos detalhes se moveu demais ou não se moveu o suficiente. Nada foi esquecido ou negligenciado, a diferença foi refletida com tanta precisão quanto numa planta de arquiteto. Até mesmo o ângulo reto formado pelas paredes do fundo do banheiro tornou-se um ângulo ligeiramente agudo. A visão, perfeita, repetiu-se sobre o mundo. O que eu via pelas janelas do pátio também tinha se movido, mas era difícil ver em que vazio. Agora havia terraços ao longo dos telhados.

Havia também móveis novos, alguns que eu conhecia de antes, de anos antes, e que pensava ter esquecido, e alguns outros que nunca tinha visto. Da mesma forma, havia pessoas que eu nunca tinha visto, aquelas que tinham comprado meu apartamento. Eram comerciantes da Judeia, vestindo *djellabas*, sentados no sofá vermelho que realmente existira. Mas ali, esse sofá estava mal colocado, ficava na frente da lareira do meu quarto, aguardando, eu pensava, um destino melhor. Que eu deveria encontrar.

Todos esses objetos não desapareceram numa única noite. O primeiro a partir foi esse sofá vermelho, que pertencia a uma amiga, Georgette de Cormis, que o havia deixado sob minha confiança durante a guerra. Ela morava em Aix-en-Provence, e o buscou em algum momento entre 1950 e 1955.

As pedras redondas

Um dia, encontrei uma pedra redonda esculpida, assinada por cortes retos, um triângulo riscado. Ela havia sido colocada em cima da lixeira por pedreiros portugueses que vieram consertar uma parede do porão. Mais tarde, descobri que eles a colocaram ali intencionalmente, no caso de alguém se interessar. Levei essa pedra para a mesa da minha cozinha. Depois, voltei lá para baixo porque acreditava ter visto outra pedra. De fato, outra pedra redonda estava lá, mais precisamente esculpida do que a primeira, com uma perfuração feita à mão bem no meio, era visível, e com uma abertura do lado, feita igualmente à mão. A abertura era duplicada por uma ranhura com sulcos onde provavelmente deveria ser encaixado um fecho, talvez de madeira, do qual não restava nada. A primeira pedra estava em sua forma original, exceto pelo pequeno espaço polido para a assinatura. A segunda pedra não tinha mais nada do seu contorno original. A borda da segunda pedra se encaixava perfeitamente na primeira pedra. As duas pedras encaixadas uma na outra giravam sobre si mesmas. Passei a noite toda olhando para elas. Elas vinham dos porões da abadia de Saint-Laurent, que descia até as margens do Sena. Um dia, mostrei-as a Michel Leiris,* ele também não soube dizer para que poderiam ter sido usadas. Segundo ele, poderiam ser usadas para esmagar sementes ou frutas e extrair delas o óleo, que sairia pela abertura lateral, mas não tinha certeza. Me lembrei da peste e lavei as pedras, por precaução.

---

* Michel Leiris (1901-1990) foi um escritor, antropólogo e crítico literário francês, membro do movimento surrealista durante os anos 1920 e 1930, colaborando com figuras proeminentes como André Breton e Louis Aragon. Sua obra mais famosa é a autobiografia *L'âge d'homme* [A era do homem]. (N.E.)

A cômoda

É uma cômoda camponesa Luís XV que comprei de um antiquário do 6º *arrondissement*, provavelmente com os direitos autorais de *Barragem contra o Pacífico*. Eu devia ter entre trinta e cinco e quarenta e cinco anos. Essa cômoda estava em minha casa há cerca de dez anos quando, uma noite, enquanto organizava minhas coisas como muitas mulheres fazem, não me lembro por quê, retirei a gaveta do meio de seu lugar e a coloquei no chão. Um tecido que estava preso entre a gaveta e o corpo da cômoda saiu da escuridão. Era de um branco amarelado e luminoso, com manchas rosa pálido, tão amarrotado quanto um papel amassado. Era um *collant*, uma peça de roupa íntima feminina, franzida ao redor do pescoço, com uma pequena renda na borda. Era de linho. Essa roupa estava ali desde os primeiros donos do móvel. As mudanças foram feitas sem remover as gavetas. Eu disse em voz alta: 1720. As manchas rosa eram do sangue claro dos últimos dias de menstruação. Esse *collant* deve ter sido guardado depois de lavado; estava meticulosamente limpo, exceto pelas manchas, que só saíam nas grandes lavagens anuais. Nas áreas das manchas, o rosa que permanecia era a cor que o sangue deixava depois de lavado. O *collant* tinha adquirido o cheiro de madeira encerada. As gavetas estavam muito cheias, o casaquinho devia estar em cima das coisas, deve ter escorregado, sido pego pela borda da gaveta e depois engolido inteiro, acabando no lado cego da cômoda. Por dois séculos, ficou ali. Estava coberto de meses e anos de remendos, remendos tão bonitos quanto bordados. A primeira coisa que se pensa ao entender o que é o objeto é "Como ela deve ter procurado". Por dias e dias. Não entendendo de forma alguma esse desaparecimento...

Perder tempo

Dada a distância a que estou da juventude na minha idade, parece muito misterioso observar o que ela faz com o seu tempo. É muito assustador e muito misterioso. O caso específico é sempre o pior. A ocupação integral da vida é alcançada pelas mulheres que têm filhos. A certeza delas é essa. Estão sobrecarregadas com as demandas dos filhos, seus corpos, sua beleza, os cuidados que precisam dedicar a eles, o amor, a totalidade que eles exigem, caso contrário eles morrem. Mulheres com seus filhos, único espetáculo que não é debilitante. Caso contrário, à distância em que estou de vocês, assim como à distância em que vocês estão uns dos outros, toda existência parece não ter qualquer tipo de significado, sem razão alguma, qualquer que seja, de existir. Cada existência é um problema insolúvel. Como vizinhos de andar, dispostos verticalmente nos prédios, nos perguntamos como é possível e fazemos parte dessas fileiras.

O que preenche o tempo é propriamente perdê-lo.

Todos esses jovens que estão parados em frente às igrejas, nas praças públicas, em frente às Darty, ao Forum des Halles, e que esperam, são, no fim das contas, menos dolorosos de ver do que as filas dos trabalhadores nos conjuntos habitacionais na entrada de Paris, do que os despertadores tocando na noite de inverno para que possam ir trabalhar e continuar a estar vivos.

As chaminés de *India Song*

Um dia, se chego a viver até ficar muito velha, não escreverei mais. Isso provavelmente me parecerá surreal, impraticável. E absurdo.

Um dia acreditei que isso tinha acontecido, que eu nunca mais escreveria. Foi durante o tratamento de desintoxicação. Lembro-me bem. Foi no Hospital Americano. Estava em pé junto à janela, Yann me segurava. Eu olhava para os telhados vermelhos do outro lado com a mulher loira de olhos azuis saindo de uma chaminé e seu marido, o capitão de *India Song*, atordoado, olhando para o céu e saindo de outra chaminé. De repente chorei, a evidência me invadiu, eu disse a Yann que provavelmente nunca mais escreveria, que estava acabado. Foi sincero, aquilo me causou uma tristeza imensa, da qual ainda me lembro. Mas não apagou as visões nas chaminés. Elas testemunhavam minha tristeza.

Voltando do Hospital Americano, imediatamente tentei escrever no meu diário, fisicamente falando, segurar a caneta e escrever. No início, não consegui dar forma às letras, mas depois consegui. Mas de onde veio essa nova escrita provisória? – Como o buraco que estava sob a casa quando levantaram o degrau – era a escrita de uma criança de cinco anos, fragmentada, manchada, parecia a dos criminosos, por que não.

Gostaria de escrever um livro, como estou escrevendo agora, como estou falando com você agora. Mal consigo sentir se as

palavras saem de mim. Aparentemente, nada é dito, nada além do nada que existe em todas as palavras.
Não sabemos quando as coisas estão presentes na vida. Nos escapa. Você me dizia no outro dia que a vida muitas vezes parece dublada. É exatamente isso que sinto: minha vida é um filme dublado, mal montado, mal interpretado, mal ajustado, um erro, em suma. Um *thriller* sem assassinatos, sem policiais ou vítimas, sem assunto, de nada. Poderia ser um filme real nessas condições, mas não, é falso. Veja o que seria necessário para que não fosse: eu estar num palco sem dizer nada, sem um gesto, me deixando ver, sem pensar em nada específico. É isso.

Na vida, é tarde que tiramos algumas lições do que vivemos. Você verá. Que ousamos nos dizer, digo, e escrever sobre isso. É depois, portanto, que descobrimos que o sentimento de felicidade que tínhamos com um homem não necessariamente testemunhava o amor que tínhamos por ele. Na lembrança menos violenta, menos eloquente, é onde agora encontro a evidência do amor. Os homens que mais enganei são os que mais amei.

Às vezes, com muita frequência, digamos na maioria das vezes, há um drama de amor que vale para quase todos os casais. E mudei de opinião sobre esse ponto também, muito. A maioria das pessoas ficam juntas seja porque juntas têm menos medo, seja porque vivem melhor com dois salários do que com um, seja por conta dos filhos, seja por muitas razões que não são claras, mas que demonstram uma escolha, mesmo que irracional, e uma posição clara, mesmo que difícil, se não impossível de expressar. "Você não entende", eles dizem. Ou "Eu mesmo não sei o que me faz ficar aqui, mas não consigo viver de outra forma." Essas não são pessoas que se amam, não essas pessoas, mas já há amor entre elas. Amar alguém por essa razão ou por outra, por essa razão prática ou de conveniência, já é amor. Na maioria das vezes não é declarado, e provavelmente não é percebido, mas é amor. É esse tipo de amor que se declara na morte. Às vezes, ficamos horrorizados com alguns casais: o homem é grosseiro, um animal, a mulher se queixa para quem quiser ouvir que vive um inferno. Nos enganamos muitas vezes sobre esses casais. É o teatro do amor que acreditamos ser externo ao amor, e isso muitas vezes não é verdade. Quando Bernard Pivot* me perguntou o que me fez ficar com o amante chinês, eu disse: dinheiro. Eu poderia ter acrescentado: o conforto impressionante do carro, que era quase uma sala. O motorista. A livre disponibilidade do carro e do motorista. O cheiro sexual do tussor de seda, da pele dele, do amante. São condições para amar, se quiserem. Eu o amei, depois que o deixei, muito provavelmente no momento em que me falaram do suicídio desse rapaz, de seu desaparecimento no mar. Devo ter descoberto ali, no meio da viagem. Acredito que o amor sempre anda de mãos dadas com o amor, não se pode amar sozinho, não acredito nisso, não acredito em amores desesperados vividos solitariamente. Ele me amava tanto que eu deveria amá-lo, ele me desejava tanto que eu deveria desejá-lo. Não é possível amar alguém a quem você não agrada em nada, que te aborrece completamente, não acredito nisso.

---

* Jornalista francês que entrevistou Duras em seu programa televisivo *Apostrophes* em 1984. Disponível em: https://www.youtube.com/watch?v=s--2miauRQ4. Acesso em: 28 jan. 2025. (N.E.)

A voz do *Navire Night*

Em *Navire Night*, é a voz que faz as coisas, o desejo e o sentimento. A voz é mais que a presença do corpo. É tanto quanto o rosto, o olhar, o sorriso. Uma carta de verdade é comovente porque é falada, escrita com a voz falada. Existem cartas que recebo que me fazem me apaixonar pelas pessoas que as escreveram, mas obviamente não se pode responder.

A Yann eu respondi. Primeiro o vi, a Yann, na projeção de *India Song* em Caen. Fomos ao café com um grupo. No início, para Yann, eu era aquela que havia escrito *India Song*, aquela que havia feito Anne-Marie Stretter falar sobre o tédio nas Índias, era Michael Richardson, Lol V. Stein, a mendiga, toda essa gente, originalmente, era isso que eu era para Yann, e é por causa deles que ele veio para Trouville. Quando começou a ler os livros, caiu numa espécie de encantamento e me escreveu; como aos outros, eu não tinha respondido. E um dia respondi. Lembro-me muito claramente desse dia. Eu tinha apenas um desejo, que era escrever para esse jovem estudante de Caen para dizer-lhe o quão difícil era para mim viver ainda. Disse a ele que bebia muito, que tinha ido para o hospital por causa disso, que não sabia por que bebia tanto.

Era janeiro de 1980. Eu tinha 66 anos. Você, Jérôme Beaujour, estava lá quando aconteceu. Eu estava com a pressão muito alta, tinham me receitado antidepressivos e eu não tinha dito ao médico que era alcoólatra. Isso fez com que eu tivesse várias síncopes por dia, durante três dias. Levada ao hospital de Saint-Germain-en-Laye no meio da noite. Etc. Foi depois disso que escrevi uma carta para Yann, esse homem que eu não conhecia, por causa das cartas que ele me escrevia – e que guardei; são admiráveis. E então um dia, sete meses depois, ele me telefonou e perguntou se podia vir. Era verão. Só de ouvir a voz dele, eu soube que era loucura. Disse-lhe para vir. Ele deixou o trabalho, saiu de casa. Ficou. Já faz seis anos.

Comer à noite

Em Trouville, compro queijo para ele, iogurtes e manteiga, porque quando ele chega tarde da noite, se atira sobre essas coisas. Ele compra para mim as coisas que eu prefiro, brioches e frutas. Não é tanto para me agradar, é para me alimentar. Tem essa vontade infantil de me fazer comer para que eu não morra, ele não quer que eu morra, mas também não quer que eu engorde, é difícil conciliar, e eu também não quero que ele morra, nosso apego é esse, nosso amor. À noite, de madrugada, às vezes conversamos sem rodeios. Nessas conversas noturnas, dizemos a verdade, por mais terrível que seja, e rimos como antes, quando bebíamos e só podíamos nos falar durante as tardes.

Outubro de 1982

Durante os últimos meses, ao acordar, eu não tomava mais café, ia direto para o uísque ou para o vinho. Muitas vezes, depois do vinho, eu vomitava – o vômito pituitário matinal dos alcoólatras –, vomitava o vinho que acabara de tomar e imediatamente recomeçava a beber. Geralmente, os vômitos cessavam na segunda tentativa e eu me sentia aliviada. Yann também bebia de manhã, como eu, embora menos, me parece, sim, menos.

 Ele começou a beber na noite de sua chegada a Trouville em agosto de 80, e continuou até a minha internação no Hospital Americano. Ele também tinha engordado; não sei por que bebia comigo, ao mesmo tempo que eu. Acredito que ele não percebia que eu estava morrendo. Acho que me lembro de alguém lhe ter dito, talvez Michèle Manceau: "Você não vê, mas ela está morrendo."

 Ela fez vir um amigo dela, um judeu da Moldávia – amor e saudações a você, Daniel –, mas parece que ainda houve algum tempo depois disso. Eles queriam que eu tomasse uma decisão, que fosse claramente formulada.

 Todos os dias, Yann me pedia para definir a data, e um dia o fiz, disse: outubro, início de outubro de 1982.

 Eles ligaram, reservaram o quarto.

 Ainda sinto medo quando escrevo estas palavras: outubro, início de outubro.

Daniel tinha me avisado. Ele disse: "Eu preciso te dizer, vai ser muito difícil. Mas você não tem outra escolha. Sozinha, você não vai sair disso, você sabe." Eu sabia.

Eu estava avisada de que esse tratamento seria muito difícil. Mas na verdade, não tinha nenhum termo de comparação. Hoje eu sei. Se soubéssemos de antemão o que é esse tratamento americano chamado de *cold turkey*,* nunca decidiríamos passar por isso, marcar uma data, nunca. Nos salvaríamos.

Foi só no táxi, quando vi Daniel partir muito rápido, chorando, que entendi que eu tinha assinado algo definitivo contra mim mesma. Tinha bebido muito naquele dia. Até então, tinha sido vago, eu ria como se a expectativa deles fosse uma piada, mas no táxi vi o medo de Yann aumentar, tornar-se fixo, terrível. Também houve o inchaço das pernas, repentino, sem razão, que nos assustou.

Vi-me sozinha num quarto às oito da noite no Hospital Americano. Pediram para Yann não ficar. Estou escrevendo muito rápido, peço desculpas, não sei se estão entendendo a sequência dos fatos, paciência.

Há uma coisa que permaneceu, e é a mais importante: o medo de recomeçar. Quando digo recomeçar, refiro-me ao tratamento. Sei que não precisa muito, apenas um gole de álcool, um bombom de rum. Pouco antes da chegada de Yann em Trouville, notei ao passar, assim, como algo secundário, no armário da entrada, que numa garrafa que eu pensava estar vazia havia três dedos de vermute. Pensei nisso por dois dias seguidos e depois todas as noites, todos os dias, talvez durante oito dias, dez dias. E então

---

* *Cold turkey* é uma expressão em inglês que se refere a parar abruptamente de consumir uma substância viciante, como drogas, álcool e cigarros. (N.E.)

bebi. Depois Yann chegou e eu disse a ele para comprar vinho, estava começando de novo, era a terceira vez que eu voltava a beber. É aqui que estou agora, nesta terceira fase sem álcool. Como já mencionei.

Na noite em que cheguei ao Hospital Americano, estava contando com os sedativos para dormir, mas às quatro da manhã ainda não tinha pegado no sono. E, de repente, pensei: não há álcool no quarto. Tive medo. Elaborei rapidamente um plano para ser mais rápida do que o coma, que eu sabia que não poderia evitar: chamar um táxi por telefone, ir até Porte Maillot, tomar um copo de vinho tinto no balcão e voltar no mesmo táxi. Sem que ninguém percebesse. Levantei-me, vesti-me sem fazer barulho e de repente havia uma enfermeira na minha frente, eu não a tinha ouvido chegar. Gritei, disse-lhe: "Estou correndo o risco de um coma alcoólico e você sabe disso." Ela disse: "Mas o vinho está aqui, senhora, vou te dar um copo." Estava planejado. Foi o meu último copo de álcool, outubro de 1982.

É preciso sempre garantir que coisas perigosas não caiam em suas mãos. Eu sei que não precisa de muito para começar de novo.

O estado perigoso

Neste momento, acuso-me de escrever porque é sempre assim depois dos livros. E se é para depois cair no estado em que estou agora, não vale a pena escrever. Se eu não puder lidar com isso sem correr o risco de beber, não vale a pena escrever, é o que digo a mim mesma às vezes, como se eu fosse capaz de cumpri-lo. Isso também é o estado perigoso.

    Desconsiderem o que eu disse por último sobre a reabilitação. Pode começar de novo apesar da reabilitação. Esta noite. Por nada. Por nenhuma outra razão além do alcoolismo.

As cartas

Eu também escrevi cartas, como Yann para mim, por dois anos, para alguém que nunca havia conhecido. Então Yann chegou. Ele substituiu as cartas. É impossível ficar sem nenhum amor, ainda que restem apenas as palavras, continuamos vivendo o amor. A pior coisa é não amar, acho que isso não existe.

A população noturna

Entreguei *O amante* à Minuit* em junho de 1984. E então fiz o filme, depois editei o filme e depois ainda escrevi *A dor*, e depois fiquei doente. No dia em que lançaram *A dor*, eu estava no hospital; Yann me trouxe o artigo de Poirot-Delpech, estava respirando com auxílio de uma máquina. Naquele período, eu havia perdido de novo a razão por uma semana, como em abril de 1985. Quase matei uma jovem enfermeira. O enredo era bastante preciso: por um lado estava Yann, que havia voltado para casa e a quem eu havia dado meus anéis. Por outro, estava uma jovem enfermeira noturna cujo conselho segui ao dar meus anéis a Yann para que não fossem roubados no hospital, como frequentemente acontecia. E a quem eu havia dito que estava feito, que naquela noite Yann havia voltado para minha casa, onde morava, com esses anéis. À meia-noite, essa jovem enfermeira que deveria vir me ver para o tratamento ainda não tinha vindo. Eu a esperei até duas ou três da manhã. E então a loucura chegou, a evidência irrefutável e definitiva de que a jovem enfermeira tinha ido à rua Saint-Benoît com seus supostos colegas para matar Yann e pegar dele os anéis.

Quando o dia amanheceu, abri a janela do meu quarto e gritei que eu ia ser morta, que alguém precisava vir. Nada

---

* Les Éditions de Minuit, editora fundada em 1941 que publicou boa parte das obras da autora. (N.E.)

aconteceu. Mas me disseram depois que me ouviram. Gritei mais uma vez, implorei, nada.

Pela manhã, quando a enfermeira voltou, eu estava escondida atrás de uma cortina com uma faca que tinha trazido de casa. Ela gritou, chamou por ajuda. Eu também gritei, afirmando que estava em perigo de morte, que estavam tentando me assassinar. Um cuidador chegou. Ficou horrorizado. Pulou em cima de mim, arrancou a faca, me ferindo no processo.

Acredito que foi a partir desse momento que "descobri" que tinha sido sequestrada pelos supostos "médicos" do hospital. Parece que repeti para eles, durante horas, como poderiam conseguir um resgate, ligando para tal pessoa, pedindo uma quantia não muito alta, mas que deveria corresponder ao meu valor no mercado do crime.

Todos esses delírios foram esquecidos, mas o que ainda me impressiona é a lógica, a sequência do assassinato e das joias. Eu estava capturada por essa evidência.

Em caso de crise de enfisema grave, isso acontece: a oxigenação do cérebro fica comprometida e saímos dos trilhos. Na semana anterior, tinham recebido um jovem que havia atuado como árbitro de uma partida de futebol durante uma tarde inteira. Colocaram a bomba de oxigênio nele, e imediatamente parou. Os médicos riam muito desses delírios. Eu até hoje tenho medo. O que contam sobre você, coisas que você não lembra de ter dito ou feito, é muito assustador. Me lembro muito pouco dos delírios alcoólicos durante a reabilitação. Aconteciam numa espécie de coma do qual eu às vezes saía por alguns segundos. No entanto, lembro completamente das visões após a reabilitação. Elas começaram no Hospital Americano.

India Song havia se transformado num navio. Estou me repetindo, paciência. A esposa do capitão morava no telhado do prédio em frente, em uma chaminé. Ela era loira e rosada, com olhos azuis. Apenas sua cabeça era vista saindo da chaminé. O capitão estava a dois metros dela em outra chaminé. Ele estava na mesma situação que sua esposa, preso na chaminé. Um dia, houve uma ventania e a cabeça da mulher quebrou como vidro. Fiquei escandalizada. *Exatamente* 10 mil tartarugas cercavam o telhado, alinhadas como livros. À noite, elas voltavam para seus lugares sob as calhas. Eram imagens mais claras do que a realidade, como se fossem iluminadas de dentro. Levava várias horas para as tartarugas se organizarem para passar a noite, se encaixando umas nas outras. Eu estava chocada que a natureza fosse tão mal projetada. Era tão demorado e difícil para elas se organizarem que muitas permaneciam em seus lugares o dia todo.

Entre essas "memórias", havia uma espécie de mandarim asiático vestindo um grande traje azul bordado a ouro que percorria os corredores do hospital, impassível, taciturno, muito assustador, não sei se era no Laënnec ou no Hospital Americano, ninguém parecia vê-lo, talvez ele nem existisse. No Hospital Americano, eu via Michael Richardson atrás das janelas fechadas e sem cortinas da casa de *India Song*, ele estava entre as plantas, trepadeiras, sorria e chorava ao mesmo tempo, prisioneiro da história, muito bonito. Na porta da casa, havia a famosa vaca negra da Abissínia, magra e esquálida, encostada na parede, e ao lado dela, uma grande cadeira vermelha e dourada, chinesa, ambas parecendo objetos abandonados numa calçada de Neuilly. E no canto de uma parede, algumas noites, aparecia Michael Lonsdale vestido como beduíno, sorrindo para mim.

Quando estava de novo em casa, as visões mais surpreendentes ocorriam à noite. Os cantos, os coros, coros vinham do pátio interno do prédio, embaixo das minhas janelas, e então, quando eu olhava, havia pessoas, multidões de pessoas diversas, todas vindo me proteger da morte, era uma certeza. Alguns tinham lanças com cabeças empalhadas nas pontas. Essas pessoas também falavam de alguém, provavelmente de uma criança, chamada "Gauthier", diziam, "o pequeno Gauthier". Lembro-me de uma frase gritada à meia voz com uma ternura inesquecível, na escadaria, no meio da noite, era: "Se encostarem no pequeno Gauthier, eu morro."

Durante esse período, éramos vários ocupando o apartamento. No banheiro, havia uma mulher atrás do vaso sanitário com uma criança morta envolta em ataduras brancas, que ela segurava nos braços. De tanto que a via ali, com o tempo deixei de me importar. Havia homens, cinco deles, que vinham à noite ao quarto de Yann. Esses eram homens *reais*, que andavam e falavam. Seus corpos eram feitos de papel de jornal amassado em bolinhas muito leves. Havia animais debaixo da minha mesa, e esses famosos anões com rabo de porco que chamamos de "lâmias". Também havia o busto de uma mulher, feito de argila colorida, a República Francesa na pequena prateleira perto da minha mesa. E, principalmente, aquele homem que morava perto do quarto de Yann, aterrorizante, que me espreitava. Eu vivia no estridente som das chamadas telefônicas, que nunca paravam. Descobri que a central telefônica estava lá, no pátio, no sexto andar, em um quarto de empregada, o qual era usado pelos inimigos. O vizinho da frente tinha roubado minha linha telefônica, eu tinha certeza, poderia provar. Os toques telefônicos formavam um círculo ao redor do meu quarto e eu achava que aquilo não era normal. O mais surpreendente eram as cenas que aconteciam todos os dias dentro do apartamento: aquele cachorro morto pendurado atrás do meu radiador. Esse cachorro que eu, aliás, não conseguia saber se era ao mesmo tempo um pássaro ou um pato azul. Eu acreditava que ficava sem dormir por dias e dias.

Não sentia sono. De alguma forma, eu não acordava de nenhum sono durante esse período.

Começou com os ratos, com as criaturas. No meio da noite, invadiram tudo. Yann ouviu um barulho, eu estava calçada, com um guarda-chuva na mão, espantando os ratos, foi assim que começou. Já ia me esquecendo: tudo acontecia ao som constante das óperas de Wagner. E dos gritos da polícia alemã. E havia o que Yann retomou em *M.D.*, os grandes episódios dos judeus fuzilados diante das minhas janelas. E na sala os negros, as mulheres... Eu não consigo enumerar essa profusão. Se eu quisesse escrever em vez de enumerar, diria que enquanto os negros e judeus prestavam juramentos aos nazistas na sala, os amigos do meu médico moldavo estavam no meu quarto, sentados num sofá vermelho que não estava lá no dia anterior, prestes a comprar meu apartamento que o médico moldavo havia roubado de mim e vendido. Em meio a toda essa bagunça, ao longo do dia, calmamente, gatos que só eu podia ver passeavam pelo apartamento.

A realidade voltou abruptamente. Lembro-me bem de um purê que Michèle Manceau fez para mim, com noz-moscada, que devorei. Depois disso, tudo foi esvaziando aos poucos. A polícia alemã deixou as varandas vizinhas, os homens de papel do quarto de Yann também. Restou o homem do quarto do meu filho, o que tinha cabelos grisalhos cacheados, tez branca como farinha e olhos azuis fixos, perdidos. Mesmo assim, ficaram alguns gatos. A última, última coisa que ficou, acredito eu, foi Marianne, talvez a mais incrível, a mais ridícula, com sua touca típica dos séculos passados, um objeto desonroso, patriótico – só Deus sabe o que estava fazendo ali – na pequena prateleira do meu quarto. Exceto que, há exatamente oito dias, estamos no início de abril de 1987, vejo esse busto de Marianne numa lareira em um apartamento da rua Bonaparte, cujas janelas se abrem para um pátio comum.

Pensava nunca tê-lo visto antes. Reconheci a Marianne da visão, sobre uma lareira que se via pela janela aberta. O médico me disse que eu recuperaria tudo com o tempo. Que eu tinha vivido ou visto todas as coisas do meu delírio, que eram memórias reais. Só consegui recuperar uma. À noite, ainda tenho medo de vê-las aparecer de novo. Não conseguimos acreditar que seja possível ver algo quando não há nada. E é possível até a última consequência da realidade. É possível até a cor dos olhos, dos cabelos, da pele. Reconheci a música de Wagner que eu não conhecia. Disse a Yann, se continuar por mais quinze dias, eu me mato, não poderei fazer diferente. Por que era tão insuportável? Tão insuportável a ponto de tirar, dia após dia, todas as suas razões para viver? Talvez porque estamos sozinhos em ver o que vemos, quando estamos acostumados a estar sozinhos apenas em pensar o que pensamos. De repente, o cérebro se lê, se vê, os pensamentos numa tela em letras grandes, e então sabemos que não acreditam em nós, nem mesmo sobre os gatos, de cuja existência eu tentava "convencer" ao falar no assunto usando um tom mais leve. E também sabemos que muito rapidamente isso se tornará insuportável para as pessoas que nos amam e que serão obrigadas a se separar de nós. O médico disse que era necessário ter sempre muitas pessoas ao meu redor, pessoas novas, muitas. Mas cedo ou tarde, eu era obrigada a voltar sozinha para o meu quarto, acender a lâmpada e encontrar os animais que estavam a um passo à frente de mim, os porquinhos debaixo da mesa e Marianne na estante. O médico não havia me receitado nenhum calmante; achei curioso, meu entorno também. Era preciso deixar que toda essa população saísse de mim por conta própria, não apenas sem impedimentos, mas também sem ser apressada a fazê-lo.

Estou esquecendo de dizer o seguinte: quando pedi a Yann para tirar o cachorro que tinha sido morto pelos nazistas de trás do radiador, disse a ele para jogar o cachorro pela janela, bem forte em cima dos que passavam, *para que percebessem que judeus haviam sido mortos*. Eu ouvia os barulhos. Achei que tinha sido um pouco rápido para dar tempo de tirar o cachorro e jogá-lo pela janela, mas isso não me fez duvidar da realidade do cachorro morto. O que me fez duvidar foi Michèle Porte, um dia. Eu estava na cozinha, ela pendurou o casaco no cabideiro e veio até mim. Conversamos, contei a ela sobre as visões que eu tinha. Ela ouvia, não dizia nada. Eu disse: "Acredito nelas, mas não consigo convencer os outros." Acrescentei: "Olhe para trás, olhe o bolso direito do seu casaco pendurado. Está vendo o cachorrinho recém-nascido saindo dele, todo rosa? Bem, dizem que estou enganada." Ela olhou bem, virou-se para mim, olhou para mim por um tempo e depois disse, sem sorrir, com a maior seriedade: "Eu juro, Marguerite, pelo que tenho de mais precioso no mundo, que não vejo nada." Ela não disse que aquilo não existia, disse "Não vejo nada". Foi talvez aí que a loucura se misturou a alguma razão.

E então, numa noite, chamei Yann para afastar o homem de cabelos cacheados com o rosto branco de talco que tinha chegado até a entrada, a dois metros do meu quarto. Ouvi um grito de raiva, e Yann chegou furioso, exausto. Todas as noites eu era atacada por essas "pessoas" que circulavam no apartamento, e eu o acordava. Ele gritou: "Você precisa entender, eu não vejo nada, nada, entendeu? Nada." Ele repetia: "Não há nada, nada, nada". Coloquei-me na frente da porta do meu quarto porque, enquanto Yann gritava, vi que o homem de cabelos cacheados tinha chegado perto dele, e implorei para Yann tirá-lo dali. Então Yann se calou.

O homem de sobretudo preto não entende nada da cena. Dá alguns passos em direção a Yann. Para. Olha o tempo todo para mim. Sou eu quem o interessa, mas sua paixão é tamanha que provoca nele uma palidez horrenda, absoluta. Em seu olhar para mim, há uma indignação dolorosa: como é possível que eu não o olhe, que eu chore, que eu fuja? Ele não entende que eu não entenda o que ele quer. Ele é como alguém que eu deveria reconhecer e que não reconheço. Neste exato momento em que escrevo o texto, três anos depois, posso dizer que ele ainda me afeta. Ou ele quer me levar para outro lugar, não necessariamente para a morte, ou ele está ali para me lembrar de um pertencimento, milenar, destruído e que, no entanto, tem sido minha razão de ser desde o meu nascimento. Ele é ou um judeu ou o meu pai. Ou ainda é algo mais. Outra pessoa, indefinidamente. Sua identidade permanece fixa. Faz quinze dias que não muda. Ele mora na minha casa. Faz quinze dias que mora no pequeno quarto que dá para a rua. Tem olhos pequenos e muito azuis, e um cabelo muito cacheado que vem de um outro mundo, em algumas partes preto, em outras branco, que vem de uma outra era. Sim, ele sabe algo sobre mim que eu mesma não consigo saber. Não é algo que eu tenha esquecido, é algo que preciso saber. Está ali naquele momento, misturado às outras visões, mas ele é o eixo delas. É em torno dele, o mestre, que as outras visões giram em torno da minha vida. Ele não entende por que tenho medo dele. Vê que estou com medo, mas não sabe que é dele que tenho medo, não sabe do que tenho medo. Continuo gritando para Yann expulsá-lo, expulsá-lo. Descubro algo tremendo: ele não entende francês. Não entende o que digo a Yann. Ele tem uma boca levemente roxa, selada. Não diz absolutamente nada, faz quinze dias e nunca disse uma palavra. Ele não deveria precisar me dizer por que está aqui durante esses dias e noites. Para ele, eu deveria saber por que ele está me esperando. Se eu não o entendo, é porque não quero entender. Ele acredita que é impossível eu não saber. Mas eu não consigo saber. O olhar dele permaneceu firme e puro até o final: eu preciso entender. Mas não é possível.

Yann foi em direção à porta do apartamento. Voltei ao meu quarto, para não ver. Yann abriu a porta e a voltou a fechar. Disse para mim: "Pode vir, ele foi embora." E ele realmente tinha ido embora. Chorei por um longo tempo nos braços de Yann.

Nunca falei sobre isso com ninguém, até o dia de hoje. É como se entre ele e eu tivesse surgido o início de uma compreensão mútua que durou alguns segundos. Lembro-me muito claramente do sentimento, distante, é verdade, de uma espécie de culpa que senti após a partida dele, quando Yann e eu ficamos sozinhos, percebendo que deveria ter falado com ele, explicado-lhe que eu não poderia agir de outra forma porque não entendia o que ele queria de mim.

OBRAS DE MARGUERITE DURAS

Les impudents. Paris: Plon, 1943.
La vie tranquille. Paris: Gallimard, 1944.
Un barrage contre le Pacifique. Paris: Gallimard, 1950.
[Ed. bras.: *Uma barragem contra o Pacífico.* São Paulo: Saraiva, 2003.]
Le marin de Gibraltar. Paris: Gallimard, 1952.
Les petits chevaux de Tarquinia. Paris: Gallimard, 1953.
Des journées entières dans les arbres. Paris: Gallimard, 1954.
[Ed. bras.: *Dias inteiros nas árvores*, trad. Tati Moraes, Rio de Janeiro: Guanabara, 1988].
Le square. Paris: Gallimard, 1955.
Moderato Cantabile. Paris: Les Éditions de Minuit, 1958.
[Ed. bras.: *Moderato Cantabile.* Tradução Adriana Lisboa. Belo Horizonte: Relicário, 2022.]
Les viaducs de la Seine-et-Oise. Paris: Gallimard, 1960.
Dix heures et demie du soir en été. Paris: Gallimard, 1960.
Hiroshima mon amour. Paris: Gallimard, 1960.
[Ed. bras.: *Hiroshima meu amor.* Tradução Adriana Lisboa. Belo Horizonte: Relicário, 2022.]
Une aussi longue absence. Paris: Gallimard, 1961.

L'après-midi de Monsieur Andesmas. Paris: Gallimard, 1962.
Le ravissement de Lol V. Stein. Paris: Gallimard, 1964.
[Ed. Bras.: *O arrebatamento de Lol V. Stein*. Tradução Adriana Lisboa. Belo Horizonte: Relicário, 2024].
Théâtre I: les Eaux et Forêts — Le square — La musica. Paris: Gallimard, 1965.
Le Vice-Consul. Paris: Gallimard, 1965.
[Ed. bras.: *O vice-cônsul*. Tradução L. F. Py. Rio de Janeiro: Francisco Alves, 1982.]
L'amante anglaise. Paris: Gallimard, 1967.
Théâtre II: Suzanna Andler — Des journées entières dans les arbres — Yes, peut-être — Le Shaga — Un homme est venu me voir. Paris: Gallimard, 1968.
Détruire, dit-elle. Paris: Les Éditions de Minuit, 1969.
Abahn Sabana David. Paris: Gallimard, 1970.
L'amour. Paris: Gallimard, 1971.
India song. Paris: Gallimard, 1973.
Nathalie Granger (suivi de) *La Femme du Gange*. Paris: Gallimard, 1973.
Les parleuses (entrevistas com Xavière Gauthoer). Paris: Les Éditions de Minuit, 1974.
Le camion (entrevista com Michelle Porte). Paris: Les Éditions de Minuit, 1977.
Les lieux de Marguerite Duras. Paris: Les Éditions de Minuit, 1977.
Éden cinéma. Paris: Mercure de France, 1977.
Le Navire Night (les mains négatives). Paris: Mercure de France, 1979.
Vera Baxter ou les plages de l'Atlantique. Paris: Les Albatros, 1980.
L'Homme assis dans le couloir. Paris: Éditions de Minuit, 1980.

[Ed. bras.: *O homem sentado no corredor/O homem atlântico*. Rio de Janeiro: Record, 2007.]
L'été 80. Paris: Éditions de Minuit, 1980.
[Ed. Bras.: *O verão de 80*. Tradução Adriana Lisboa. Belo Horizonte: Relicário, 2024]
Les yeux verts, Paris: Cahiers du cinéma, 1980.
Agatha. Paris: Éditions de Minuit, 1981.
Outside. Paris: P.O.L., 1981.
L'homme atlantique. Paris: Les Éditions de Minuit, 1982.
Savannah Bay. Paris: Les Éditions de Minuit, 1982.
[Ed. bras.: *Savannah Bay*. Tradução Angela Leite Lopes. São Paulo: Temporal Editora, 2023.]
La Maladie de la mort. Paris: Les Éditions de Minuit, 1982.
[Ed. bras.: *O homem sentado no corredor. A doença da morte*. Tradução Vadim Nikitin. São Paulo: Cosac & Naify, 2007.]
Théâtre III: La Bête dans la jungle — Les papiers d'Aspern — La danse de mort. Paris: Gallimard, 1984.
L'amant. Paris: Les Éditions de Minuit, 1984
[Ed. bras.: *O amante*. Tradução Denise Bottmann. São Paulo: TusQuets Editores, 2020.]
La musica deuxième. Paris: Gallimard, 1985.
[Ed. bras.: *La musica e La musica segunda*. Tradução Angela Leite Lopes. São Paulo: Temporal Editora, 2022.]
La douleur. Paris: P.O.L., 1985.
[Ed. bras.: *A dor*. Tradução Luciene Guimarães e Tatiane França. Rio de Janeiro: Bazar do Tempo, 2023.]
Les yeux bleus cheveux noirs. Paris: Les Éditions de Minuit, 1986.
La pute de la côte normande. Paris: Les Éditions de Minuit, 1986.
[Ed. bras.: *Olhos azuis, cabelos pretos & A puta da costa normanda*. Tradução Adriana Lisboa. Belo Horizonte: Relicário, 2023.]

Emily L. Paris: Les Éditions de Minuit, 1987.
[Ed. bras.: *Emily L.* Tradução Vera Adami. Rio de Janeiro: Nova Fronteira, 2020.]
La vie matérielle. Paris: P.O.L., 1987.
[Ed. bras.: *A vida material.* Tradução Tatiane França. Rio de Janeiro: Bazar do Tempo, 2025.]
La pluie d'été. Paris: P.O.L., 1990.
Yann Andréa Steiner. Paris: P.O.L., 1992.
[Ed. bras.: *Yann Andréa Steiner.* Tradução Karina Ceribelli Roy. Rio de Janeiro: Bazar do Tempo, 2024.]
Le monde extérieur – Outside 2. Paris: P.O.L., 1993.
Écrire. Paris: Gallimard, 1993.
[Ed. bras.: *Escrever.* Tradução Adriana Lisboa. Belo Horizonte: Relicário, 2021.]
C'est tout. Paris: P.O.L., 1995.

Póstumas

La mer écrite. Paris: Marval, 1996.
Le bureau de poste de la rue Dupin et autres entretiens (com François Mitterrand). Paris: Gallimard, 2006.
Cahiers de la guerre et autres textes. Paris: P.O.L., 2006.

CADERNO

DE

IMAGENS

À Neauphle, souvent, je faisais de la cuisine au début de l'après-midi. Ça se produisait quand les gens n'étaient pas là, qu'ils étaient au travail, ou en promenade aux Étangs de Hollande, ou qu'ils dormaient dans les chambres. Alors j'avais à moi tout le rez de chaussée de la maison et le parc. C'était à ces moments là de ma vie que je voyais clairement que je les aimais et que je voulais leur bien. La sorte de silence qui suivait ~~l'ai en mémoire~~ leur départ je l'ai en mémoire. Rentrer dans ce silence c'était comme rentrer dans la mer. C'était à la fois un bonheur et un état très précis d'abandon à une pensée en devenir, c'était une façon de penser ou de non penser peut-être — ce n'est pas loin et déjà, j'écris.
Lentement, avec **soin**, pour que ça dure encore je faisais la cuisine pour ces gens absents pendant ces après-midi là. Je faisais une soupe pour qu'ils la trouve prête au cas où ils auraient très faim. S'il n'y avait pas de soupe prête, il n'y avait rien du tout. S'il n'y avait pas une chose prête, c'est qu'il n'y avait rien, c'est qu'il n'y avait personne. Ni rien ni personne. Souvent les provisions étaient là, achetées du matin, alors, il n'y avait plus qu'à éplucher les légumes, qu'à mettre la soupe à cuire et à écrire. Rien d'autre..

Pendant vingt ans il y a eu beaucoup de gens qui 42
sont venus à Neauphle. Il y a quatorze pièces et quelquefois
on était dix-sept personnes à dormir là pendant plusieurs jours.
C'était une maison ouverte vraiment. Les gens aimaient
beaucoup y venir, c'était comme une joie pour eux. Parfois
il y avait 40 personnes à dîner, quelquefois il y avait des
fêtes. Je faisais ça facilement avec plaisir - je sais
que j'ai un grand souvenir de ces fêtes — celles de Paris surtout
vers 1950-60. Celles de Neauphle sont venues plus tard,
mais elles étaient pareilles, les gens étaient ravis aussi
[Les gens de Paris y venaient aussi. Il y a plus d'ya avait les gens qui vivaient en classe]
j'essayais de ne pas faire de cuisine conventionnelle. Je faisais
des plats qui étaient bons, je les faisais moi-même, j'étais
rapide et ce n'était facile. On dansait. On riait beaucoup.
On n'a jamais fait attention aux gens qu'on invitait —
je parle des fêtes nombreuses avec des buffets. Et on dansait
dans toute la salle et dehors en même temps, il n'y a pas si
10 longtemps, 8 ans peut-être, à 4 heures du matin des jeunes
ont frappé à la porte. Ils avaient vu la maison illuminée
et ils avaient entendu la musique et ils avaient voulu
entrer. On les avait laissé entrer. Ils étaient repartis
sans qu'on s'en rende compte, on était à peu près cent
personnes, on ne contrôlait rien. C'était des voleurs
qui volaient dans les bals. Cette nuit-là ils avaient
pris dix-huit sacs à main — Oui, je faisais
très souvent des plats vietnamiens, des soupes vietnamiennes
qu'on servait bien chaudes à 4H du matin. C'était
merveilleux. Il y avait les G. Gallimard, Michel
et Zannine, Robert et Renée, Jeanine et Louis-
René des Forêts, Éléna et René Leibowitz, Jean et
Raymond Queneau. On buvait beaucoup à ces fêtes.
[Mais je n'ai ou vivre d'aucun esclandre, d'aucune gueulante générale]
On venait beaucoup d'amis communs à l'école et à
Quand j'y réfléchis elle a un aspect
un peu effrayant l'étalée de déchaînements de
forces qui n'avaient pas trouvé
leur emploi ni dans la guerre ni dans la politique
c'étaient des célébrations anti-gaullistes ni dans le gauchisme
c'étaient les fêtes des intellectuels français communistes.
[la première anti-bolchévik]
de l'internationale 05 — on peut dire le
mouvement le plus avancé à l'intelligence française
auquel on doit la fin de la guerre d'Algérie, le nouveau
abolition que fut la pensée politique de 68 — la grande
au mot en théorie et en liberté en vivant, le vouloir-dire au PC
dénonciation du stalinisme et de se refaçonne jetable
vingt ans d'un entête communiste européenne, c'est nous qui
avons vécu la fin du PC. — je ne vois rien de pareil, d'aussi
intéressant cohérent que ce milieux euro-intellectuels
français de 1950 à 70 (fuis cellules

papier hyg.
ampoules élect.
désinf. Famille
scot-bright
Javel
Épomires (varines)
allumettes
cigarette
cristaux
bonbonne (Monseigneur)
+ fumitive
Ajax
shampoing méthalline
balai+ poils café
liquide détartrant
fontainox

jambon
sucre
café
vin
fr. de l'Ouise
pâte
œufs
huile
vinaigre
oignons
sel
bout.
beurre
thé
farine

tomates pelées
romanstort
gros sel
Nescafé
muge mam

Créditos Caderno de Imagens:

p. 154 e p. 155 – Manuscritos de *A vida material*
(Fundo Marguerite Duras/Imec – Institut Mémoires
de l'édition contemporaine)
p. 156 e p. 157 – Imagens da cozinha da autora em
Neauphle-le-Château (Acervo Jean Mascolo)
p. 158 – Fotografia da autora em sua casa na Normandia,
anos 1980 (Acervo Jean Mascolo)
p. 159 – Imagem da lista de compras citada na página 56
(Acervo Jean Mascolo)

Este livro foi editado pela Bazar do Tempo,
na cidade de São Sebastião do Rio de Janeiro, em março de 2025.
Ele foi composto com as tipografia Apparel & Adobe Caslon Pro,
e impresso em papel Pólen Bold 70 g/m² e Offset 120 g/m² pela gráfica Margraf.